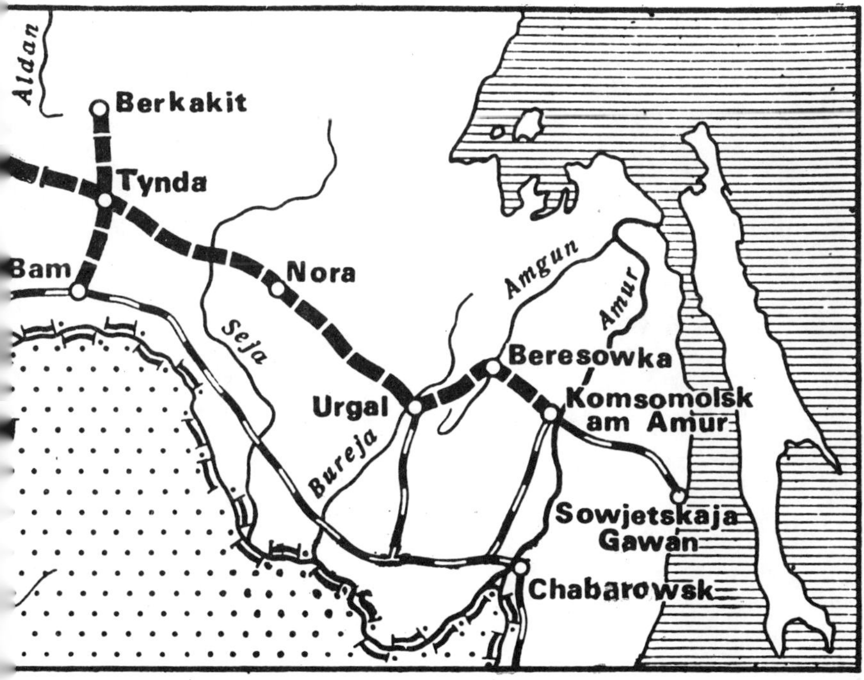
Aldan
Berkakit
Tynda
Bam
Nora
Seja
Amgun
Amur
Beresowka
Urgal
Komsomolsk
am Amur
Bureja
Sowjetskaja
Gawan
Chabarowsk

Kunerma
der Ort, wo niemand wohnt

E. A. Rauter

Kunerma
der Ort, wo niemand wohnt

Als westdeutscher Gastarbeiter
in der sibirischen Taiga

Europaverlag
Wien · München · Zürich

Umschlag und Einband von Georg Prechtl

Für den Schutzumschlag wurde ein Foto von E. A. Rauter verwendet

Die Karte auf dem Vorsatz stammt aus der Broschüre »Die UdSSR mit den Augen des Ausländers« © 1976 by Verlag der Presseagentur Nowosti

Printed in Austria
Satz, Druck und Bindearbeit Gutenberg Wiener Neustadt
ISBN 3-203-50706-4

I

In den ersten Septembertagen geht der Sommer in der sibirischen Taiga schnell zu Ende. Die Preiselbeeren hängen rot wie Blutstropfen. Vor Tagen hatten sie noch bleiche Unterseiten. Die Birken vertiefen ihr Bernsteingelb in Stunden. Es gibt Streifen in der Taiga, da wachsen die Birken so dicht, daß man Mitte September meint, man tauche auf den Boden eines Bassins voll gelber Tinte, wenn man den Wald betritt. Das Gelb rinnt einem aus den Augen.

Baumschutt, in allen Stadien des Verfalls und der Auferstehung. Der Waldboden besteht aus Bäumen, auf Bäumen wachsen Bäume. Ich weiß nicht, wie lange es dauert, bis die wasserfesten Lärchen der Taiga so zerfallen sind, daß Bäume und Heidelbeeren aus ihnen wachsen; wie lange es dauert, bis eine gestürzte Lärche Boden ist. Vielleicht steige ich über hundert Jahre alten Bäumeabfall.

Die Stämme liegen unordentlich übereinander. Wir klettern darüber wie Fliegen. Die Bäume sind naß. Wo ich nicht drübersteigen kann, lehne ich mich mit dem Rücken dagegen und kippe mich auf die andere Seite. Ich wische mit den Hosen das Wasser von den Stämmen. Andrej schlägt mit einem Stock das Wasser aus den Zweigen der jungen Bäume, damit ich nicht naß werde beim Hindurchstreifen.

Ich hatte kein Verlangen gehabt, den Berg zu

besteigen. Andrej ist aus Moskau. Er sehnt sich in die Landschaft mit einer Schwärmerei, die ich nicht aufbringen möchte. Man schwärmt ohnehin nicht, wovon man schwärmt. Er verbindet mit sibirischen Wäldern, was ich mit spanischen Sandwegen unter Pinien am Meer verband, als ich eine Frau floh. Er sieht in der Taiga eine Verheißung, die größer ist als alle Zukunftsversprechen, das Versprechen, von allen eigenen Schwächen freizukommen. Die Bäume der Taiga werden die Haut seiner Frau nicht verändern, so wenig wie die sandigen Pfade am Mittelmeerstrand meine Frau verändert haben.

Mir war das Kriechen durch nasse Bäumehaufen lästig, es wäre mir im Bayrischen Wald nicht lästiger gewesen. Ich war etwas unzufrieden darüber, daß ich achttausend Kilometer von München entfernt war in einem Wald, ohne daß mich der Wald durch etwas sensationell anderes für die weite Reise entschädigte. Es gab viele Unterschiede zwischen dem Wald in der Taiga und dem Bayrischen Wald, aber nicht für achttausend Kilometer. Ich fühlte mich hier nicht fremd genug. So kroch ich, behängt mit den umherbaumelnden Klumpen meiner Kameraausrüstung, hinter Andrej her, der darauf bestand, vorauszukriechen.

Er hatte mich mit dem Einfall auf den Waldberg gelockt, eine fotografische Aufnahme von der Siedlung zu machen, in der ich seit Wochen lebte und arbeitete, ein Bild wie aus dem Flugzeug.

Nach einer Stunde sahen wir die Siedlung immer noch nicht. An meinen Kopf klopfte leise die Angst. Einige Male hielt ich es für möglich, nie wieder aus dem Wald zu kommen. Ich spürte, daß mich nicht viel trennte vom Wahnsinn. Wenn wir wenigstens hätten gehen oder rennen können! Die Dichte gefallener Strünke und Stämme verurteilte uns zum Kriechtempo. Ob bergauf oder bergab – es ging gleich langsam. Je weiter wir stiegen, um so größer wurden meine Angst und meine Freude. Wenn sich hier jeder von uns ein Bein bricht, sind wir verloren, dachte ich, und so schöne Aufnahmen von der Taiga und von unserer Siedlung werde ich in meinem Leben nie wieder machen können.

Die Siedlung schrumpfte zu einem grauen Fleck im grün-gelben Bäumeozean. Nun hoffe ich, daß man die graue Farbabweichung auf einer der Fotografien erkennt, die ich dort oben gemacht habe. Mein Objektiv sah auch den Grund, warum es die Siedlung in dem grün-gelben Ozean gibt, die Geleise der neuen, zweiten transsibirischen Eisenbahn, die kurz zuvor verlegt worden waren. Ich machte den Blendenverschluß einige Male zubeißen, und Andrej hörte auf, mich weiter auf die Bergkuppe zu treiben, wenn auch widerwillig.

Auf dem Rückweg lernte ich eine Angst kennen, die mir neu war. Wir gerieten in eine andere Art Wald. Ich habe später von der Siedlung aus die Partie des Berges wiedererkannt, die wir durchquerten. Von unten und weit weg war es ein runder grüner Fleck von zweihundert bis dreihundert Meter Durchmesser im Grün-Gelb-Rot des Berges. Ich hatte angefangen, diesen Fleck zu sehen, als der Berg anfing, die Farbe zu wechseln. Der Berg wurde jeden Tag bunter, der Fleck hob sich von Tag zu Tag deutlicher ab, indem er sich nicht änderte. Jeden Tag habe ich aus meinem Zimmer ein oder mehrere Male zu jener grünen Kreisfläche hinaufgesehen und es aufgegeben, den Fleck zu erklären. Jetzt war ich im Fleck. Ich war darunter, von meinem Fenster aus hätte mich niemand sehen können.

Dieses verbohrte Grün ist eine Insel aus Zwergkiefern, auf der Insel wächst sonst kein anderer Baum. Sie sieht aus wie ein künstlicher Zwergkiefernpark. Es hätte nahegelegen, daß ich nach den Gründen dieser Reinkultur inmitten Hunderttausender Quadratkilometer Mischwald frage. Meine Freude darüber, daß jetzt der Weg frei war, die Beine zu bewegen, war schneller als die Frage.

Die Zwergkiefern standen dicht beieinander, wir nahmen ihnen mit Köpfen und Schultern einiges von ihrem Wasser ab. Eine dicke Matte Moos verbarg den Grund der Reinkultur. Ich stützte mich auf einen langen Stock, der Stock versank einen halben Meter tief unter den Moosteppich, zwischen großen Steinen. Aus den Ritzen zwischen den Felsbrocken krochen die geschmeidigen, zähen und dünnen Stämme der Kiefern, dunkel und glatt wie nasses Leder. Etwas anderes als diese gegerbten Baumschlangen hätten die Steinbrocken nicht hochkommen lassen. Das Rätsel, das ich nicht lösen kann: Wie kam diese runde Fläche aus solchen Steinen zustande? Niemand hat die Steine dort hingetragen. Vielleicht ist es ein alter vulkanischer Trichter, die oberste Gesteinsschicht ist geborsten unter den Hieben der Temperaturunterschiede von hundert Grad (bis zu 60 minus im Winter, bis zu 40 plus im Sommer). Der Wind hat Bäumeabfall der Umgebung in die Ritzen geblasen, Nahrung für neue Bäume, die zwischen den scharfen Steinkanten enger Spalten hindurchwachsen können.

Die Keimlinge der Kiefern hatten es besser als unsere Füße, sie wuchsen argwöhnisch langsam von unten zwischen den Steinrändern nach oben, unsere Füße stießen in die Moosdecke, als wären wir betrunken. Das Moos rutschte und riß, der Fuß sauste in einen Spalt, als wäre er ein Keil, der die Felsbrocken auseinandertreiben sollte. Der Knöchel stoppte den Fall. Ich verstand das so, daß wir hier leicht hätten sterben können. Ich hatte Angst. Ich wagte kaum noch einen Schritt zu machen, als ich verstanden hatte, was unter der schönen Moosdecke los war. Bei jedem Schritt verrutschte der Überzug, vor jedem Schritt ertastete ich mit einem Fuß die darunterliegende Form. Die leiseste Ungeduld bei der Wahl des Trittpunktes war ein Spiel mit dem Risiko eines Beinbruchs. Auf einer unsichtbaren Steinkante balancierend dachte ich, daß diese Wanderung alle Eigenschaften einer klassischen Abenteurergeschichte hat, in der Spaß mit gespenstischem Tempo in die Katastrophe umschlägt.

Niemand in der Siedlung wußte, wo wir waren. Ich überlegte mir, wie lange es dauern würde, bis jemand in der Siedlung über unsere Abwesenheit so erschräke, daß er die Menschen dazu brächte, nach uns zu suchen. Das wäre nicht vor dem nächsten Nachmittag. Bis dahin hätten wir auf dem Bett aus Steinen gelegen, auf wassergetränktem Moos, unfähig, uns bemerkbar zu machen. Ich fragte Andrej, der ein starker Raucher war, er hatte kein Feuer in der Tasche. Schreie versickern zwischen Laub und Holz und werden von den

Rufen der Tiere in der Taiga verunreinigt. Was dann noch bei den Menschen ankommt, ist zu schwach, um sich durchzusetzen gegen die Arbeitsgeräusche, auch wenn man nur fünfhundert Meter von der nächsten Brigade entfernt ist. Das Abschneiden von Bäumen und das Verlagern von Erdmassen versetzt viel Eisen in Schwingung.

Niemand kannte die Richtung, in der wir zu suchen gewesen wären. Ich überlegte mir, wie ich in dieser Lage die Suche organisiert hätte. Geht man davon aus, daß wir uns bis zu zehn Kilometer von der Siedlung entfernt hätten, müßte man auf einem Gebiet von 314 Quadratkilometern nach uns suchen. Nimmt man zwanzig Kilometer an, vergrößert sich die Fläche auf 1256 Quadratkilometer. Das ist die Hälfte des Saarlandes oder fast dreimal so viel wie das Gebiet von Westberlin. Die Siedlung hätte am ersten Tag einige hundert Menschen nach uns suchen lassen können. In diesem Wald übersieht man selten mehr als zehn Meter, oft nicht mehr als fünf.

Es war der 14. September, in der Nacht sank die Temperatur schon unter Null. Ich trug keinen Mantel. Ich habe mir im Leben noch kein Bein gebrochen, jetzt schien mir der richtige Moment dafür gekommen, weil die Folgen nicht schlimmer hätten sein können. Ich wollte stehen bleiben aus Angst vor dem nächsten Schritt, ich wollte losrennen. Die Kälte einer Nacht hätte wahrscheinlich gereicht, uns umzubringen.

Zwei Tage später verließen wir die Siedlung. Wir fuhren in einer Art Draisine, einem winzigen Waggönchen, nach Ust-Kut, Richtung Westen. Nach zwanzig Kilometern sahen wir zwei Männer die zehn Meter hohe Böschung des Bahndamms heraufklettern. Ich erkannte die beiden, ich hatte einige Tage vorher mit ihnen am Feuer gesessen. Wir hielten, uns von ihnen zu verabschieden. Sie erzählten, sie hätten soeben die frischen Spuren eines Bären gefunden, keine hundert Meter von der Trasse. Wir schauten in die gelben Birken hinunter mit ungeduldigen Blicken, als könnte unsere Ungeduld den Bären dazu bringen, sich zu zeigen. Das fahrbare Stahlgehäuse hinter uns machte uns frech. Als wir einstiegen, begann es in dicken, nassen Flocken zu schneien.

Während der Fahrt redete ein älterer Herr längere Zeit auf Andrej ein. Er war sozusagen unser Gast. Ich hatte ihn bisher kaum beachtet, obwohl ich ihm im Gästehaus der Siedlung einige Male begegnet war. Er hatte meinen Gruß stets freundlich und zurückhaltend erwidert, als wollte er mich nicht aufhalten auf meinen wichtigen Wegen. Bei einer Unterbrechung der Fahrt stellte Andrej ihn mir vor als Mitglied der Regierung des Rayons Kasatschinsk, eines Gebiets von der Größe Nordrhein-Westfalens, mit einem Dutzend Ortschaften und einem Dutzend Flüssen von der Größe des Mains und einem Strom, der die anderen Flüsse aufnimmt. Er war der Verwalter der Angelegenheiten von vielleicht hunderttausend Menschen, höchstens, vielleicht von der Hälfte. Vor dem Bau der Bahnstrecke, vier Jahre zuvor, waren es dreitausend gewesen.

Das Erzählen des älteren Fahrgastes brachte Bewegung in das Gesicht Andrejs. Er schaute sich um, als suchte er nach Beistand gegen den Erzähler. Er regt sich jetzt vielleicht aus Höflichkeit auf, dachte ich, der junge Funktionär aus Moskau will dem älteren Funktionär aus der Taiga Respekt demonstrieren. Andrej war stärker angewiesen auf Zuneigung als andere, dafür gab er auch Aufmerksamkeit.

Vor drei Jahren verabredete sich der Mann mit einem Freund im Wald am Ufer der Kirenga. Der Freund kam nicht. Daraufhin ging der Mann in den Ort und bat mehrere Männer, ihm suchen zu helfen. Ich unterbrach Andrej beim Übersetzen, ich vermutete einen Übersetzungsfehler: »Warum hat er gleich Alarm geschlagen? Der Freund hätte doch zu Hause sitzen und betrunken sein können.« »Ausgeschlossen!« sagte der Mann. »Niemand trinkt allein. Ich wußte sofort, daß etwas nicht stimmt.« Zu sechst durchsuchten sie den Wald. Sie fanden ein Bärenlager mit einem Bären. Sie erschlugen das Tier. Dann übersetzte Andrej in mißverständlichem Englisch, das Lager habe so ausgesehen, als hätte das erschlagene Tier kurz zuvor mit einem anderen Tier gekämpft. Das sollte vielleicht erklären, warum die Männer nach einem zweiten Bären suchten. Sie fanden Kleidungsstükke des Freundes und dann, was Andrej übersetzte als »Teile des Freundes«. Sie fanden einen zweiten Bären. Er saß vor einer Leiche und kaute und schaute ihnen entgegen, vom Fressen zerstreut. Das Gesicht des Freundes war nicht mehr zu erkennen, das Fleisch bis auf die Knochen heruntergerissen. Der Unterleib fehlte, wenn Andrej richtig übersetzt hat, bis zum Brustkorb. Die fünf Männer verschossen ihre Munition in das Tier. Sie zerhackten den Kadaver und hängten die Teile in die Bäume. Der Junge war sehr beliebt gewesen bei allen Bewohnern des Ortes. Wenn ich mich richtig erinnere, sagte Andrej, der Junge war fleißig und hatte gute Einfälle, er war ein Führer. Es kam mir vor, er wollte erklären, warum die Männer den Bären auf Bäume verteilt hatten.

II

Ich machte meine erste Reise nach Ostsibirien im Winter, im Februar 1978.

Wer nach Ostsibirien fliegt, bewegt sich mit doppelter Erdgeschwindigkeit dem Sonnenaufgang entgegen. Ich hätte die Erde auf dem Weg nach Bratsk gern gestoppt. Ich mußte zu Mittag essen zu einer Zeit, da ich sonst die Morgenträume wiederkäue, mich im Halbschlaf zurücktaste in ein vergangenes Traumleben, wo ich mich noch einmal vor dem Aufwachen zurückziehe wie ein Regenwurm, so beweglich, weich und verletzlich. Es ist fast nie so, daß ich aus dem Schlaf hinausjauchze ins Wachsein. Meist lasse ich mich vom Leben bitten, das Bett zu verlassen.

Die Aeroflot und die Erdumdrehung richteten einen Saustall in mir an. Wenn das Flugzeug auf dem Moskauer Flughafen – auf einem der vier Moskauer Flughäfen – so lange stehen geblieben wäre, wie wir dann geflogen sind, wären wir morgens um sieben Uhr ausgestiegen. Wir stiegen fünftausend Kilometer weiter im Osten aus. Das ist die Strecke von der einen Seite des Mondes zur anderen oder viermal die Entfernung Hamburg – Rom. Es war nicht sieben, sondern zwölf Uhr mittags.

Das Flugfeld war ein Schneefeld. Der Schnee ist auch in Sibirien weiß. Man sah es dem Schnee nicht an, daß er nicht auf oberbayerischem Boden lag, sondern achttausend Kilometer östlich davon.

Ich habe den Verdacht, daß ich aus Scheu, das Geld für einen warmen Wintermantel auszugeben, daran glaubte, mit meinem Mantel fünfzig Kältegrade zusätzlich meiner Haut fernzuhalten. Ich trug einen Tuchmantel, den ich in München auch trage, wenn es im April einmal kälter wird. Für den deutschen Winter ist er warm genug, wenn man bereit ist, an den kältesten Tagen ein bißchen zu zittern. In München sagte ich, ich werde in Moskau einen Pelzmantel kaufen, dort ist er billiger; es ist besser, in Sibirien einen Pelzmantel zu tragen statt eines Mantels aus Stoff, der reicht nicht. In Moskau sagte ich, warum soll ich in Moskau nach einem Mantel suchen? In einer sibirischen Stadt, wo man auf Pelzmäntel viel stärker angewiesen ist, wird es leichter sein, den richtigen Mantel zu finden.

Ich hatte viele Termine wahrzunehmen in der sowjetischen Hauptstadt, ich betrat kaum das Freie, stieg vom Hotel in ein Auto, vom Auto überquerte ich einen Bürgersteig bis zur nächsten Haustüre. Das half mir, Illusionen zu hüten über den Biß von Minusgraden. Es half mir auch zu glauben, ich hätte keine Zeit, einen Mantel zu kaufen. Ein Gedanke steht am äußersten Rand deiner Aufmerksamkeit und sagt: »Du mußt noch einen Wintermantel kaufen!« Der Gedanke kommt nicht durch, ein Bittsteller vor einem kapriziösen Herrn.

Ich bin mehrere Jahre wie ein Lumpenprolet ohne Wintermantel ausgekommen. Einige Winter zog ich mir eine Regenhaut über. In den Jahren zuvor gingen wir, meine lumpenproletarischen Kumpel und ich, in der Jacke durch die Stadt, auch bei zehn Grad Kälte, gekrümmt, die Arme aus den Hosentaschen ragen lassend wie Henkel. Ein Wintermantel schien uns illegitim wie Luxus, er konnte nur geklaut sein, geschenkt, geerbt oder gefunden. Auf welche Weise auch immer ein Wintermantel gelegentlich auf unsere Schultern geriet, er hielt sich dort nicht. Er wurde verkauft. Er eröffnete einen Weg, Geld zu verdienen durch Ertragen von Kälte. Das war eine unserer Arten, zu arbeiten. Einer schwitzt beim Arbeiten, ein anderer friert.

Der Berliner Kabarettist Wolfgang Neuss schenkte mir den ersten Wintermantel. Er hatte mich vom eisigen Gehsteig des Kurfürstendamms aufgelesen. Dort war ich einige Wochen gelegen und hatte gemalt und an manchen Tagen nicht schlecht verdient. Ich schrieb mit Neuss und Tomaier einige Ausgaben von *Neuss Deutschland*. Für den Wintermantel lieferte ich einige Einfälle und Sätze wie: »Der Glaube versetzt Berge von Menschen unter die Erde«, den ich mittlerweile auch an den Rowohlt-Verlag verkauft habe. Wolfgangs Mantel war aus schwerem Gabardine mit einem dicken Wollfutter vom ersten Herrenausstatter am Kurfürstendamm. Er trug deutliche Spuren von Abnutzung, das machte ihn wertvoller, weil Neuss gerade berühmt wurde.

Ich war schon zum dritten Mal verheiratet und mochte noch immer keinen Käse. Von meinem neunten bis zu meinem elften Lebensjahr – drei Jahre lang – und später noch, wenn ich zu Besuch kam, mußte ich übersäuerten Quark essen. Meine Pflegemutter ließ den Magermilchbottich einen Tag oder zwei zu lange auf dem Küchenherd stehen. Ich war nie ein Käseexperte, weder mit neun noch später, ich verbrachte den größten Teil meines Lebens mit der Vorstellung, Käse sei ein besonders scharf schmeckendes Nahrungsmittel. Wenn ich an Käse dachte, verwandelten sich meine Lippen, meine Zunge, mein Gaumen und mein Rachen in eine Protestdemonstration: ich hatte Angst vor Käse. Aß ich einmal Käse aus Höflichkeit oder weil ich in die Käseanbieterin verliebt war, war ich so beschäftigt mit der Kontrolle meiner alten Abneigung, daß mir nicht bewußt wurde, daß der Käse nicht so scharf war wie der Quark meiner Pflegemutter. Ich verlor meine Angst vor dem Genuß von Käse erst, als ich gelernt hatte, wodurch sie entstanden war. Ich lernte es, weil meine dritte Frau mich bei einem Besuch meiner Pflegeeltern begleitete und den Deckel von dem roten Emailtopf hob, der 25 Liter faßte. Sie konnte die starke Säurebildung erkennen, obwohl sie in der Stadt aufgewachsen war.

So kann man Angst vor Menschen mit sich herumtragen, die nur darauf warten, daß man sie freundlich anspricht.

Diese Art falscher innerer Warnung hat mich genarrt und mich vor dem Kauf eines warmen Wintermantels zurückweichen lassen.

Vor dem Abflug nach Bratsk zog ich eine lange Unterhose an und ein langärmeliges Unterhemd, ich hatte sie vor der Reise gekauft, in meinem Kleiderschrank findet sich so etwas nicht. Darüber zog ich zwei Pullover. Es schien mir unmöglich, damit zu frieren, selbst in einer Tiefkühlkammer. Es schien mir ein wenig übertrieben, daß alle Menschen in Sibirien – wie ich auf Fotos gesehen hatte – im Winter schwere Pelzmäntel trugen.

Meine Augen suchten nach dem, was man bei uns Piste nennt, dem Streifen, auf dem wir gelandet sein mußten. Ich suchte im Zucker nach Zucker. Überall standen Flugzeuge herum, Flugzeuge aller sowjetischen Modelle, wie in einem Freilichtmuseum: kleine Arbeitsmaschinen für die Landwirtschaft, Transporter mit Propellern und langen Schlappflügeln auf der Oberseite, Düsenflugzeuge in verschiedenen Größen und Hubschrauber mit hängenden Rotoren.

In Ostsibirien liegen zwei Kältepole, dort kommt es vor, daß das Thermometer auf siebzig Grad minus sinkt. Die Stewardeß hatte vor der Landung vierzig Grad unter Null gemeldet. Ich beobachtete durch mein Kabinenfenster die ersten aussteigenden Fluggäste. Was machten die vierzig Minusgrade mit ihnen? Die sibirische Eisluft – würde sie die menschliche Haut versengen? Ich beobachtete vor allem Andrej, ich hielt ihn für verweichlicht und seinen Pelzmantel für zu schön, um ihn zu schützen.

Es ist mir ein »besonderes Anliegen«, auf Andrejs Mütze einzugehen. Dieser schöne Mensch sah erstaunlich idiotisch aus, sobald sich die Mütze auf seinem Kopf befand. Seine Eitelkeit hatte riesige Löcher. Im *Brockhaus-Bildwörterbuch der deutschen Sprache* ist eine Kopfbedeckung abgebildet, die »Reisemütze« genannt wird. Es ist eine Form der Schirmmütze. Von dieser Art war Andrejs Mütze. Unter Schirmmützen gibt es gewaltige Unterschiede. Man kann durch größere Fülle des Stoffes eine Eigenheit des Gesichtes betonen, etwas aus einem Gesicht herausholen, das nur schwach ausgebildet ist; einen Kopf zwingen, Bestandteil eines geschmackvollen Entwurfs zu sein. Andrejs Mütze war so knapp geschnitten, daß er sie wie eine Haut über das Schädeldach streifen mußte. Vor seiner Stirn bildete die Mütze ein Dächlein. Es machte seine Augen kleiner und braver. Das Vordach nahm ihm die Stirn, auf die seine Frisur und seine kirschdunklen Augen angewiesen waren, ohne für den Verlust der Stirn einen Ausgleich zu bieten. Eine großgeschnittene Mütze fügt dem Gesicht etwas hinzu, Andrejs Mütze nahm nur.

Wir erreichten den Fuß der Fluggasttreppe und rannten los zur Halle, vielleicht hundert Meter weit. Diese Minute war mein erster Kontakt mit der sibirischen Kälte, es war mein erster Kontakt mit Ostsibirien. Ich war gefaßt auf eine Ohnmacht. Der Schnurrbart von Wladimir, dem Dolmetscher, wurde bis zur Halle weiß.

Es wartete ein »Wolga« mit laufendem Motor. Später sah ich, alle Autos in Sibirien laufen ununterbrochen von morgens bis abends, wenn sie überhaupt benutzt werden, auch während der Mittagspause und der Wartezeiten. Ich habe auf den Straßen nie einen Wagen gesehen, der nicht aus dem Auspuffrohr bläulich gehustet hätte. Im Wagen war es warm.

Wir fuhren vierzig Kilometer auf einer Straße, die sich von unseren Straßen unterschied in einer Weise, die einem zunächst nicht bewußt wird. Es fiel mir nicht leicht, herauszufinden, was an ihr anders war. Man denkt, Straße ist Straße, vorausgesetzt, die Decke ist in Ordnung. Die sibirische Straße war breiter, als unsere Landstraßen zu sein pflegen. Es war keine Autobahn und keine Landstraße; es kam vor, daß ein schwerer Lastwagen einen schweren Lastwagen überholte, während ein dritter schwerer Lastwagen auf der Gegenfahrbahn beide passierte.

In unseren Straßen stecken unzählige Rücksichten, die in vielen Jahrzehnten und Jahrhunderten als Windungen und Verengungen zurückgeblieben sind. Es gibt Kurven, die niemand mehr versteht, Kurven in Ebenen, Kurven, deren Mehraufwand an Arbeit durch kein sichtbares Hindernis erzwungen wird. Kleine Rinnsale, die überall vorkommen, werden von unseren Straßenbau-Ingenieuren mit Respekt behandelt, bekommen ihre Brücke, wo sibirische Straßenbauer eine Drainage anlegen und die Fahrbahn darüberführen, der Fahrende bemerkt das Wasser nicht einmal. Der Straßenbauer hat es geduckt.

Die Straßen in Sibirien sind eine große Schrift über das Land. Und sie verändern den Grund nur wenig, auf dem sie geschrieben sind. Unsere Autobahnen bieten mehr Komfort, ihre Steigungen sind berühmt, weil sie dem Fahrer plötzlich Komfort versagen. Der Komfort wird der Landschaft auferlegt wie ein Opfer. Die sowjetische Straße kümmert sich nicht um den Fahrer. Sie ist eine quer über Hügel und Täler gepreßte Glätte von vier Fahrspuren.

Wenn du eine Kuppe hinansteigst, erwartest du auf der Höhe einen Blick auf Häuser, auf ein Dorf oder eine Stadt. Der Anblick kommt. Die Fahrt über Berge und Täler funktioniert in Mitteleuropa wie Ping-Pong: du erwartest eine Ortschaft, sobald eine Kuppe vor dir auftaucht, und die Ortschaft kommt, du wirfst die Erwartung hin, und die

Ortschaft kommt zurück. Das lernte ich erst in Sibirien. Dort kommt nach der Steigung das, was du vor der Steigung gesehen hast – Wald. Der Ball kommt nicht zurück.

Einer sibirischen Landstraße fehlt der Besatz, es fehlen die Tausende von Accessoires europäischer Landstraßen: Hecken, Mauern, Häuser, Gehöfte, Gärten, Überführungen und Tankstellen. Neben ihrer Bahn wohnt niemand. Du fährst rauf und runter mit einer Deutlichkeit, die westeuropäische Straßen durch Zubehör und Umwege verschleiern.

Die Sonne schien grauenerregend ins Restaurant, in meine beste Schlafenszeit. Es war so gottverdammt hell überall, so daß an ein Verkriechen nicht zu denken war. Ähnlich muß sich ein Regenwurm fühlen, den man mittags auf einer Straße in den Tropen ausgesetzt hat. Meine Qual wurde vergrößert durch die gnadenlose Freundlichkeit des Komsomol-Sekretärs und durch die Blitze, die seine randlose Brille und sein Lächeln versprühten. Es blitzte überall. Es schien, als wären die Tische mit Absicht so gedeckt worden, daß sie möglichst viel Licht zurückwarfen. An jedem Platz lagen zwei oder drei Bestecksätze, standen zwei Teller und drei Gläser, eines für Schnaps, eines für Wein und eines für Wasser. Der Wodka vergrößerte die Zahl der Leuchtfeuer.

Ich erzitterte unter gewaltigen Wogen von Wut. Der Sekretär – er hieß auch Wladimir – lächelte. Ich habe sein Lächeln erst ein halbes Jahr später erwidert, bei meinem zweiten Besuch in Bratsk, weil er an jenem Mittag ein Besichtigungsprogramm für mich bereithielt. Statt als liebenswerte Bemühung, die den Sekretär Zeit kostete, interpretierte ich das Programm als eine Schwäche des Sekretärs, ich sah ihn lächelnd darauf lauern, Errungenschaften vorzuführen. Ich vergaß, daß ich die Reise nach Sibirien gemacht hatte, um zu sehen. Ich tat mir leid, weil ich glaubte, ich sei das Opfer der Krankheit des Komsomol-Sekretärs geworden. Ich wollte schlafen, ich war seit vierundzwanzig Stunden nicht dazu gekommen. Ich konnte kaum sprechen vor Erregung. Ich hielt es für ausgeschlossen, bis zum Beginn der Besichtigungen nach dem Essen ein Mittel gegen Wladimirs Lust nach Vorführungen zu finden.

»Natürlich könnt ihr schlafen«, sagte Wladimir. Ich warf einen kurzen Blick auf sein Kraftwerk, das drittstärkste der Erde, nachdem die Sonne untergegangen war. Der Zug nach Osten, nach Ust-Kut, wartete, auch die Kälte vertrieb mich vom Staudamm. Ich hatte ihr eingeräumt, mich zu vertreiben, weil ich versäumt hatte, den Mantel zu kaufen, den man zum Besichtigen von Kraftwerken in Sibirien braucht, wenn es Winter ist. Ich hatte einige Stunden geschlafen.

Meine unsinnige Wut, meine Wehleidigkeit. Ich geriet in Zweifel über mich unter dem Staudamm. Ich muß mich mehr bewegen.

Wie fährt man mit dem Zug? Nie werde ich es lernen, und noch weniger wird es mir zur Gewohnheit werden. Jede Abfahrt verwandelt mich in etwas, wovon ich noch nicht ergründen kann, was es ist, was mich aber unglücklich sein läßt und mir den Schweiß aus den Handflächen treibt. Die Menschen auf dem Bahnsteig bedrohen mich. Würde ich einen Film über meine Ängste vor der Abfahrt drehen, ließe ich die Menschen mir zuzischeln: »Geh wieder nach Hause! Wir werden jeden Platz im Zug besetzen, wir verabscheuen dich. Nirgends sollst du Ruhe haben während der Reise. Es wird keine ungestörte Lektüre geben und keinen geruhsamen Blick aus dem Fenster. Wir werden dich durch die Wagen treiben, bis du freiwillig auf halber Strecke aussteigst.« Ich bleibe trotzdem auf dem Bahnsteig stehen und warte gemeinsam mit meinen Todfeinden darauf, daß der Zug einfährt. Aber ich tue es mit einem schlechten Gewissen. Wenn eine Abordnung der Wartenden auf mich zuträte und mich aufforderte, den Bahnsteig zu verlassen, mit der Begründung, ich sei charakterlich für die Bahnfahrt nicht geeignet, da wäre eine Ecke in mir, die das verstehen könnte.

Ich kämpfe nicht um ein leeres Abteil, ich möchte es geschenkt haben. Wenn ich vor anderen Fahrgästen an ein leeres Abteil gerate, statte ich es aus mit Signalen, von denen ich glaube, daß sie auf andere abstoßend wirken. Ich gebärde mich als Kröte, als Sozialkröte. Ich schmeiße meine Schreibhefte über die Sitze, schlage sie auf, als müßte ich die aufgeschlagenen Seiten immer bereithalten für den Fall, daß mir ein wichtiger Gedanke kommt, um meine Konzentration nicht durch Nachschlagen zu unterbrechen; lege einen Füllfederhalter – keinen Kugelschreiber – in die Heftkerbe, packe zwei Brillen aus und plaziere je eine auf eines der herausklappbaren Fenstertischchen. Neben die Schreibhefte ordne ich einige Zeitschriften und Bücher, es dürfen keine populären oder technischen Zeitschriften und Bücher sein, sondern Sachen, die beim repräsentativen

Querschnitt der Bevölkerung Respekt und Schrekken auslösen: Literaturkritisches, Philosophisches, Politisches. Es darf nicht der Eindruck entstehen, ich sei ein Spinner oder ein Idealist oder ein Sympathisant von Terroristen oder ein dünkelhafter Mensch. Der Eindruck, der entstehen soll, ist der von Reizbarkeit und feiner Fachidiotie. Ich achte darauf, nicht mehr als vier Plätze zu belegen, die beiden Plätze am Gang halte ich frei; ich fürchte, die Wut, die ich durch meine Unbescheidenheit verursache, könnte jemandem helfen, meine Kostbarkeit zu überwinden.

Der Blick auf einen sowjetischen Bahnhof kann einen Besucher aus Mitteleuropa allen Mut nehmen, eine Reise anzutreten. Die Entmutigung beruht auf mehreren Mißverständnissen. Ein Moskauer Freund hatte mir am Abend meiner Ankunft den Kasaner Bahnhof vorgeführt, einen der sieben oder acht Fernbahnhöfe der sowjetischen Hauptstadt. Ich verstand nicht, warum er mir nachts um elf von allen Sehenswürdigkeiten den Kasaner Bahnhof zeigte. »Ich möchte, daß du siehst, wieviele Menschen bei uns reisen«, sagte er, auch ein Wladimir. »Moskau wird an jedem Tag von ein bis zwei Millionen Menschen besucht.« Ich schätzte die Zahl der Menschen im Bahnhof auf zweieinhalb- bis dreitausend. Sie saßen in Feldern, in einem Wartestadion voller Bankreihen, schlafend oder lesend, und sie füllten die Bahnsteige. Einige hatten neben sich ein Netz voll Orangen. An den Bahnsteigen standen lange, lange Züge, in ihrer Länge der Größe des Landes angemessen. Sie fuhren nach Zentralrußland, zum Ural und nach Mittelasien. Einer der Züge fuhr Minuten später nach Taschkent, er würde drei Tage und Nächte unterwegs sein, ungefähr dreitausend Kilometer zurücklegen. In den Abteilen saßen Ehepaare mit Kindern und richteten sich für die Nacht her. Einige aßen an Tischen zwischen den Sitzreihen. Ich bat Wladimir, eine der Wagenstewardessen, die vor den Türen standen, nach dem Fahrpreis zu fragen: 68 Mark bis Taschkent mit Liegeplatz (es gibt ohnehin keine anderen Plätze in sowjetischen Fernzügen). Neben uns setzte sich ein Zug in Bewegung. Mit dem Zug geriet der Bahnsteig in Fahrt. Im selben Tempo, in dem der Zug aus dem Bahnhof fuhr, glitten die Menschen, die sich vor den Abteilfenstern gedrängt hatten, hinaus.

Die Gastfreundschaft der Menschen in der Sowjetunion stammt aus alten Zeiten, sie liegen vor der Zeit, in der Fabriken entstanden. Ich kenne ein Bonmot, ich habe es von einem Moskauer Journalisten, der in der Sowjetunion für seine Kolumnen in der *Literaturnaja Gaseta* berühmt ist. Ein Besucher aus dem westlichen Ausland sagte zu ihm: »In euren Geschäften findet man wenig. Ist man bei euch privat eingeladen, findet man den Tisch voll der besten Delikatessen. Bei uns im Westen ist es umgekehrt.« Ich wußte mich gepolstert als Gast aus dem Ausland. Wladimir, der Komsomol-Sekretär von Bratsk, hatte im Zug nach Ust-Kut Platz für mich besorgt, für den Dolmetscher und für Andrej. Den vierten Platz – die sowjetischen Fernzüge haben vier Plätze im Abteil – sollte eine Person einnehmen, die wir als Funktionär bezeichnen. Er sollte mich begleiten auf der Bahnfahrt nach Ust-Kut, das heißt, eine Nacht, und auf der Fahrt im Auto entlang der neuen transsibirischen

Eisenbahntrasse, der Baikal-Amur-Magistrale (BAM). Die Angst vor diesem Menschen, der zusteigen sollte, rührte in mir herum, bis er zustieg.

Ein Mann unter dreißig, starke Brillengläser, Pelzmütze, Fellmantel, gut im Fleisch. Er trug beim Eintreten einen Karton vor sich her. »Ein Buchhalter«, dachte ich. Er hatte sonst kein Gepäck bei sich. Jetzt würde ich mich darüber freuen, einem Menschen zu begegnen, der seine Zahnbürste in einem doppelschuhkartongroßen Karton vor sich herträgt und Funktionär einer kommunistischen Jugendorganisation ist. An jenem Abend fand ich keinen Gefallen an einer Unterhaltung, mit wem auch immer.

Jurij stellte den Karton ab, behutsam, als sollte die Zahnbürste keine Erschütterung erleiden. Dann begrüßte er mich, fast mitteleuropäisch knapp, was mich wunderte und mir an jenem Abend behagte. Ich wollte keine Herzlichkeiten an mir herumzupfen haben. Ich beobachtete ihn kühl und aufmerksam und genoß es, ihn kühl und aufmerksam zu beobachten. Ich genoß es, daß ich mich bei ihm nicht beliebt machen wollte. Es ist so erholsam, wenn man nicht nett sein will.

Zu Hause bin ich manchmal tagelang allein. Die Arbeit des Schreibens bringt es mit sich, daß ich oft zehn Stunden mit niemandem spreche, außer am Telefon. Ich bin es gewöhnt, über Eindrücken zu brüten. Ich erlebe in ruhigen Zeiten nicht gerne viel hintereinander. Das entfernt mich von mir. Diese Art Reise hat zur Bedingung, daß du nur allein bist, wenn du schläfst. Du brauchst einen Dolmetscher, du brauchst jemanden, der Gesprächspartner mit dir zusammenbringt, du brauchst die Gesprächspartner; du brauchst jemanden, der dir Betten und Mahlzeiten besorgt, vor allem, wenn du nicht dafür bezahlst. Ich war eingeladen vom Komitee der Jugendorganisationen der UdSSR, ich hatte darum gebeten, eingeladen zu werden, weil ich eine so teure Reise nicht bezahlen konnte und ein Buch schreiben wollte über das Leben sowjetischer Arbeiter in Sibirien. Jetzt schreibe ich das Buch. Du setzt viele Menschen in Bewegung, wenn du in ihre Nähe kommst. Wenn du durch die Taiga wanderst, brauchst du jemanden, der dich fährt, der das Auto instandhält, der Ersatzteile und Benzin besorgen kann. Wenn du gewohnt bist, vor dem Einschlafen dem Lauf der letzten Straßenbahnen zu lauschen, die in einer entfernten Straße davonfahren; und wenn du gewohnt bist, nach dem Aufstehen Stunden zu arbeiten, bevor du dem ersten Menschen begegnest, dann sperrst du dich gegen neue Begegnungen, und du schweigst am Frühstückstisch.

Der Neue setzte sich neben mich – ich hatte die Sitzbank, meine spätere Liege, allein besetzt, mir gegenüber saßen Wladimir, der Dolmetscher und Andrej. Jurij wandte sich von mir ab. Er zog einen Kamm aus der Tasche. Was folgte, nennt man im allgemeinen »kämmen«. Man sah seinen Bewegungen an, er hatte ein genaues Bild davon im Kopf, wie sein Haar auszusehen habe. Er hatte dieses Bild auch in den Händen, er brauchte keinen Spiegel. Während die rechte Hand den Kamm durchs Haar zog – er kämmte es vorne parallel zur Stirn –, huschte die linke tastend hinterher und prüfte, was die Vorgängerin gemacht hatte. Sie prüfte mit Wieselgeschwindigkeit, jeder Finger ertastete einen gesonderten Bereich, bewegte sich unabhängig von den anderen Fingern, orientierte sich. Die linke Hand rannte über den Kopf wie eine Krabbe, hinter der anderen Hand her. Wo immer es die Rechte hinzog, die Linke war augenblicklich zur Stelle, ein unnachsichtiger und unermüdlicher Wächter auf der Suche nach dem Bild, das Jurij von seiner Frisur im Kopf hatte. Seine Bewegung, mit der er den Kamm verwahrte, machte diesen zur Preziose.

Er schaute einige Sekunden vor sich hin, als müßte er erst auch sein Gesicht in Ordnung bringen, und wandte sich mir dann zu. Er blickte mich kurz an. Man merkte, er wollte etwas sagen.

Er zögerte, wollte auch aus seinen Worten eine Preziose machen. Jurij konnte mich nicht anreden, ohne ein Übergangsstadium zwischen Kämmen und Sprechen zu legen. Er mußte zum Sprechen deutlich ansetzen, ausholen, die Tatsache, daß er etwas sagte, markieren als ein besonders wichtiges Ereignis. Er machte das später häufig. Er schaute einen an, manchmal hob er den Zeigefinger dabei, sagte immer noch nichts, schaute dann auf den Boden wie ein Gewichtheber, der sich sammelt, bevor er die Scheibenhantel hochreißt. Hinter seinem Ansetzen steckt das Bedürfnis nach ungeteilter Aufmerksamkeit. Es ist der Trommelwirbel vor dem Akt auf dem Drahtseil: wird ihm genügend Aufmerksamkeit zuteil werden? Vielleicht stecken dahinter bittere Erfahrungen, vielleicht hatte er als Kind zuwenig Zuhörer gehabt. Ich glaube, er fragte mich nach den Motiven meiner Sibirienreise.

Er öffnete seinen Karton. Der Karton kam aus

der ČSSR, enthielt ein Dutzend Flaschen Exportbier, die Flaschen hatten deutsche Etiketten mit der Aufschrift »Pilsener Urquell«. Die Aussichten machten uns lustig.

Wann immer wir aus dem Fenster schauten, der Blick fiel auf verschneite Taiga. Die Landschaft veränderte sich nicht. Die Fahrt im Wagen eines sowjetischen Fernzuges kann sehr gemütlich sein. Du merkst nichts von den Ereignissen auf dem Gang, die bei uns eine Fahrt so unruhig machen. Du kannst die Abteiltür von innen absperren, es gibt zum Gang keine Scheiben. Die Abteile sind eine Mischung aus unseren Liegewagen und Schlafwagen, sie sind wegen der größeren Spurweite größer als die Abteile in unseren Zügen und werden nur mit vier Personen belegt. Die Plätze werden vor der Fahrt verteilt.

Ich gab es nach einigen Stunden auf, hinauszuschauen. Draußen änderte sich nichts. Die Wagenstewardeß bringt dir ein großes Glas Tee, unaufgefordert. Wir, Andrej und ich, spielen uns als Weiberhelden auf und versetzen der Stewardeß Komplimente. Andrej stellt mich als »berühmten Schriftsteller aus der BRD« vor. Er fordert sie auf, sich neben mich zu setzen. Sie lacht und geht. Nach einer Stunde kommt sie wieder und setzt sich mir gegenüber. Sie stellt eine Schachtel auf meine Seite des Fenstertisches, in der Schachtel sind Pralinés. Es sei ihr Willkommensgruß. Wir essen die Schokolade, trinken Bier und Wodka.

Gegen zwölf haben wir genug, wir sind übermüdet. Nicht einmal die Liebenswürdigkeit der Wagenstewardeß hält mich aufrecht. Unsere Toilette ist besetzt, ich gehe in den nächsten Wagen. Der

Übergang ist mit einer Eisschicht überzogen, die Türklinken weiß von Reif. Das erinnert mich an unsere Verletzlichkeit und an den Arbeitsaufwand, der nötig ist, uns gegen fünfzig Grad Kälte abzuschirmen, unser Leben zu schützen in dieser Umwelt.

Wir rollen die Matratzen aus, arrangieren Bettwäsche und Decken. Andrej findet keine Ruhe, er geht hinaus, raucht und verfolgt seine Hoffnungen auf die Wagenstewardeß. Er hat im Flugzeug geschlafen, ich nicht.

Ich erwache gegen vier Uhr. Mir ist kalt. Ich breite meinen Mantel aus München über die Decke, schlafe wieder ein. Um fünf Uhr reißt mich die Kälte böse aus dem Schlaf. Die Waggonaußenwand zupft an meinem Haar, an meinem Kopfende hat sich eine Eisschicht gebildet. Jeder von uns hat eine Wolldecke, ich falte sie in der Mitte, jetzt liegt die Decke doppelt auf mir, an meinen Seiten kriecht Kälte herein. Ich bleibe auf dem Rücken liegen und rühre mich kaum, jede Bewegung, wohin auch immer, saugt kalte Luft unter die Decke. Es ist eine Folter. Das Fenster ist zu rauhem Milchglas gefroren. In der Nacht ist die Heizung ausgefallen.

Die Kälte treibt uns auf. Um uns anzuziehen, müssen wir uns ihr erst halbnackt darbieten. Wir haben zuviel getrunken. Ich leide unter quälendem Durst. Es gibt auch keinen Tee, der Samowar funktioniert nicht. Ich schlage mich zum Speisewagen durch gegen schwankende, überfrorene Übergänge und reifbedeckte Klinken, an denen die Hände kleben bleiben möchten. Im Speisewagen gibt es weder Tee noch Mineralwasser. Das Personal hat vielleicht keine Lust mehr so kurz vor der Endstation. Ich finde, das genügt. Jurij produziert zwei Flaschen Tschechenbier. Das ist schon ein Sieg gegen den brennenden Rachen. Wir stellen Vergleiche an mit dem Hilton.

Ich versprach mir Lebensfreude von einer langen Unterhose, ich trage sonst keine langen Unterhosen. Als wir ausstiegen, in Ust-Kut, kriegte ich eine gewischt. Ich hatte meinen Mantel nicht ganz geschlossen. Ich taumelte zum Wagen. Es waren wenige Meter, im Wagen zitterte ich minutenlang, obwohl er geheizt war. Die Kälte kam nicht mehr von außen, sondern von innen.

Wir fuhren an ein- und zweistöckigen Häusern vorbei, mit dunkelgrüner und hellblauer Ölfarbe angestrichen, mit geschnitzten, weißgestrichenen Fensterrahmen wie Spitzenbordüren. Die beiden Farben müssen eine lange Geschichte im russischen Leben haben, man sieht sie überall, von Sibirien bis Moskau und darüber hinaus. Die Lieblichkeit dieser Gebäude ist frappierend. Ungefähr so hat Moskau früher ausgesehen. Bis zum Jahre 1900 waren neunzig Prozent aller Profangebäude in Moskau aus Holz, Steine sind dort selten. Auf den Dächern liegen hohe Stöße verschiedener Schneetücher. Die Räder unseres Wagens drehen durch und gehen unwillig in die Kurven.

In Westeuropa kennt fast niemand den Namen der Lena, der Rhein würde in ihr verschwinden wie eine Flasche Schnaps. Die Lena wird bis zu zwanzig Kilometer breit; um ins Nordmeer zu münden, fächert sie sich auf zu einem Delta mit einer Breite von 400 Kilometern, das ist die mittlere Breite der Bundesrepublik. Der Wasserstand schwankt im

Oberlauf um acht Meter, im Unterlauf um 28 Meter. Der Rhein entwässert 220 000 Quadratkilometer Land, die Lena entwässert ein Gebiet von der zwölffachen Größe, zehnmal so groß wie die Bundesrepublik Deutschland. Das Gewaltige liebt es, durch uns hindurchzuplumpsen. Schon dem Rheinfall bei Schaffhausen wollte es nicht gelingen, mir zu imponieren; ich stellte mich ans Ufer und wartete längere Zeit auf innere Schauer.

Ein halbes Jahr später stand ich auf der Krone der neuen Bahntrasse der BAM. In hundert Meter Entfernung sah ich zwei Kinder aus dem Wald kommen und den Bahndamm hinaufsteigen. Als sie die Krone fast erreicht hatten, erkannte ich, es waren keine Kinder, es waren die zwei größten Arbeiter unserer Gleisbaubrigade. In der Taiga, wo es keine anderen menschlichen Werke gibt, mit denen das Auge den Damm vergleichen könnte, vergleicht es ihn mit dem von Horizont zu Horizont reichenden Bäumemeer.

Wir steigen aus vor einem Steingebäude. Es sieht aus wie ein Bahnhof oder eine Hauptpost. Darin arbeitet die Schiffahrtsdirektion des Lena-Abschnitts von Ust-Kut. Hinter dem Haus liegt einer der größten Flüsse der Erde, die Lena. Ich weiß das nicht. Ich stehe am Rand eines Grabens, vielleicht einen Kilometer breit. Der Boden ist eine Landschaft. Sie ist bedeckt mit weißen Glasplatten, darüber dünne Schneefetzen. Nichts bewegt sich. Der Glas-Cañon unter mir zieht sich hin bis zum Horizont. Es gibt keinen Fluß Lena, das Wasser ist gefroren bis zum Grund. Ich weiß nicht, welcher Erscheinung ich gegenüberstehe. Sie heißt »Lena«, was ist das? Meine Ignoranz schützt mich vor jeder Erschütterung. Vielleicht war der Dolmetscher nicht begeistert genug, vielleicht war er ignorant wie ich und ebenso übermüdet und durchfroren. Ich war stumpf. Es dauerte Monate, bis mir einfiel, im Atlas nachzusehen. Da dachte ich vom Rhein, das ist ein Spulwurm.

In dem großen Steinhaus ist eine Pension eingerichtet. Ich gerate an ein Zimmer mit Betten und gemütlichem elektrischen Licht, es will mich einsaugen. Wir werfen das Gepäck darin ab. Ich werde in ein anderes Zimmer gesteuert. Es wird in der Mitte beherrscht von einem schwarzen polierten Eßtisch. Als wir das Zimmer betreten, schießt eine Artillerie aus Glas und Porzellan auf weißem Untergrund Lichtsalven auf uns ab. Menschen haben für uns gearbeitet, als wir noch im Zug schlotterten. Auf dem Tisch stehen Hors-d'œuvres aus verschiedenen Wurstsorten und Schinken, Butter, Brot, Mineralwasser, Apfelsaft, Wein und Wodka. Eine Frau bringt ein Steak für jeden und Tee. Ich stecke dumpf Essen in mich hinein und schütte Wodka darüber. Allmählich spüre ich wieder meine Umgebung, schmecke, was ich esse, das Lachen der Gastgeber gewinnt Sinn. Ich taue auf.

Drei Tage Schlafdefizit: Das Bild des Bettes will mir nicht aus dem Kopf. Ich fühle mich drin liegen, während ich noch Toasts spreche. Eine Stunde erlauben mir die Genossen.

Wir fuhren zum »Stab« des Komsomol (im Russischen heißt es »Schtab«, wahrscheinlich wurde das Wort von den Preußen übernommen). Der Leiter des Stabs, Wirbitzki, stellte sich vor eine große Wandkarte, die sofort meine ganze

Besitzgier weckte. Ich nahm mir vor, die Sowjetunion nicht ohne die Karte zu verlassen. Jetzt hängt sie in meiner Wohnung. Es war ein Problem, sie dorthin zu bekommen, ohne sie zu knicken. Die Karte ist einen Meter hoch und einen Meter fünfzig breit. Man kann sich mit ihr zudecken, sie ist kunststoffbeschichtet. Sie zeigt ungefähr die Hälfte der sibirischen Landmasse, am linken Rand liegt Krasnojarsk, am rechten Wladiwostok. Würde man die Silhouette der Bundesrepublik im gleichen Maßstab ausschneiden und auf die Karte legen, dann würde der Ausschnitt in ein Viereck passen, das kaum größer ist als ein DIN-A4-Blatt. Die Konturen des Baikalsees wären nur zwei Zentimeter vom oberen und vom unteren Rand des Papiers entfernt.

Über den größten Teil der Karte läuft eine dicke rote Linie in unregelmäßigem Zickzack. Die Linie ist die Spur des sowjetischen Plans, eine zweite Eisenbahn durch Sibirien zu bauen, tausend Kilometer nördlich der Transsibirischen Eisenbahn. Die Strecke ist ungefähr 4000 Kilometer lang. 600 Kilometer sind fertig. Wirbitzki: »Damit wir die Geleise verlegen können, müssen wir nicht nur eine Schneise durch den Wald schlagen und einen Damm aufschütten, wir müssen 3200 Brücken, Unterführungen und Wasserdurchlässe bauen. Wir müssen sieben Gebirge überwinden. Dafür müssen wir Tunnels durch Granit bohren. Der längste Tunnel wird sechzehn Kilometer lang sein.«

4000 Kilometer – das ist die Entfernung von der Nordspitze Norwegens bis zur Südspitze Siziliens. Der Vergleich verlangt Vervollständigung. Man sollte sich vorstellen, dieses Europa wäre kaum bewohnt und ohne Straßen, bedeckt von Wald, Moor und Sumpf oder Gebirgen von bis zu 3000 Meter Höhe; das Klima: acht Monate Eis. Die Einrichtungen der Bahn müssen bei unter 60 Grad minus funktionieren, die Strecke muß durch Galerien vor Lawinen geschützt werden. Zwei Monate Sommer und Millionen von Moskitos für jeden Arbeiter an der Bahntrasse. Das ganze Gebiet ist unterzogen von ewigem Frost, im Sommer taut der Boden bis zu einer Tiefe von achtzig Zentimetern auf. Ein Teil des Landes wird von starken Erdbeben geschüttelt, bis zu Stärke 10 auf der Zwölferskala.

Die Bahn soll ja gebaut werden, damit überhaupt erst einmal jemand ins Land hineinkommt. Gründe fürs Herkommen sind Reichtümer unter der Erde und das Holz, Gold, Diamanten, Erdöl, Erdgas, Kohle, Eisen und Kupfer. Die Kupfervorräte an der Strecke, die bis jetzt bekannt sind, sind ebenso groß wie alle bekannten übrigen Kupfervorräte der Erde zusammen. Am Kilometer 990, bei Tschara, liegt ein hundert Meter dicker Kupferflöz dicht unter der Erde. Im Süden Jakutiens gibt es mehrere große Eisenerzlager, eines davon enthält 1,3 Milliarden Tonnen mit 60 bis 70 Prozent Metall. Nicht weit davon gibt es einen Berg, dessen oberer Teil aus Kokskohle besteht. Die Kohle ist kaum von Erde bedeckt, der Flöz erreicht eine Dicke von 70 Metern. Statt die Kohle von unten nach oben zu transportieren, kann man sie in Wagen plumpsen lassen. Und man braucht sie nicht weit zu fahren bis zum Eisen. Jetzt fahren jedes Jahr ungefähr 5000 Containerzüge von Europa an den Stillen Ozean, auf der Transsib. Wenn die BAM fertig ist, rechnet man mit 20 000 Containerzügen.

»Erschließen« nennt man das, aufsperren. Ein Kontinentbrocken, so groß wie Westeuropa, wird durch die Bahn aufgemacht, ein Kontinent, der bisher verschlossen vor sich hinbrütete, ohne Menschen. Ein Land von der Größe Westeuropas wird gemacht.

Wie erlebe ich das? Ich erlebe nichts Imponierendes. Die Größe des Landes und die Länge der Bahnstrecke habe ich nur im Kopf. Ich könnte mir denken, daß viele jüngere Leute bei uns von dieser ganzen Eisenbahnbauerei in Sibirien angezogen würden wie von einem Abenteuer im ehemaligen Wilden Westen. Man erwartet, eine Arbeit, die einen halben Erdteil verwandelt, und zwar den größten, und einige hundert neue Städte schafft, müsse sich in der Kleidung, in den Bewegungen der Menschen, die damit zu tun haben, an ihren Arbeitsstellen und an der Art, in der sie miteinander umgehen, sichtbar werden. Man erwartet deutliche Hierarchien und deutliche Autoritäten. Mir scheint, die Leute sind alle so kumpelig miteinander. In der kurzen Zeit, in der ich bis jetzt dort war, kann man das nicht beurteilen.

Ich sehe nichts von Gravität und Vorgesetztenfurcht. Wirbitzki ist nach unseren Begriffen ein Manager. Er ist das, was man um mich her »Chef« nennt. Er ist Leiter einer Organisation, die einen Streckenabschnitt von 300 Kilometern »verwaltet«. Es gibt kein vergleichbares Projekt bei uns, aber ich würde von unseren »Chefs« mehr seelische Breitbeinigkeit erwarten, mehr aufgetragene Autorität. Auch mehr Alter. Die Leute, die hier was zu sagen haben, sind fast alle junge Spunde. Sibirien ist unter fünfundzwanzig im Durchschnitt.

Da Wirbitzki den Schaffellmantel und die Pelzmütze abgelegt hat, haben sich seine Proportionen verändert. Vom Knie aufwärts schnurrte er zusammen zu schmaler Hose und schmalem Sakko; die dünnen blonden Haare kleben, von der Pelzmütze gepreßt, am schmalen Kopf. Die Beine haben vom Knie abwärts die Proportionen beibehalten, die zu dem umfangreicheren Wirbitzki paßten, langfellige Zottelstiefel, jeder so umfangreich wie das Volumen zweier Beine.

Der Wagen, mit dem wir in die Taiga fahren sollten, hat eine Panne. Wir warten zwei Stunden in Wirbitzkis Büro. Die Raucherei der anderen ärgert mich. Ich stelle mich ans Fenster und lasse die Eisluft herein durch einen kleinen Flügel im Fenster.

Es ist aus mit den Fahrten im feinen »Wolga« mit buntem Teppich aus Usbekistan. Wir steigen in einen Armeejeep mit Allradantrieb. Seine Heizung arbeitet grandios. Wir halten noch einmal, bevor wir die 300 Kilometer lange Fahrt zum Baikalsee antreten, auf einer holperigen Schneepiste durch die Taiga. Jurij steigt aus, rennt in eine Baracke, kommt wieder, verschwindet in einer anderen Baracke. Wir warten. Wirbitzki ist auch verschwunden. Jurij taucht wieder auf, kommt an den Wagen. »Vielleicht haben Sie das Bedürfnis, eine Toilette aufzusuchen, dann wäre es ratsam, Sie erledigen das hier. Wir haben eine lange Fahrt vor uns, bis wir zur nächsten Siedlung kommen ist es Abend.« Unterwegs gibt es Probleme in dieser Hinsicht, du kannst nicht von der Fahrbahn herunter, rechts und links liegen hohe Wälle, von Schneepflügen aufgeworfen. Das stimmt mich nachdenklich. Ich steige aus. Die Kälte fällt über mich her mit unglaublicher Heftigkeit. Jurij führt mich zur Toilette. »Es ist aber eine sibirische Toilette«, sagt er mit einer Betonung, die mich auf Härteres vorbereiten soll.

Wir gehen eine lange Bretterwand entlang, auf einem fußschmalen, holprigen, steigenden und fallenden Steig im Schnee, dann kommt ein Durchlaß, dahinter steht eine Bretterbude. Es gibt bei uns ähnliche Abtritte, »Plumpsklos«, jenes »sibirische Klo« hatte keinen Sitz – es war darin seinen französischen und spanischen Verwandten ähnlich –, und keine Fallhöhe, da plumpst nichts. Auf der Erde steht eine flache Kiste mit einem Loch in der Mitte, eine Konstruktion wie bei uns der Sitz von Plumpsklos, nur niedriger, zu niedrig, um zu sitzen. Die Grube darunter ist voll, aus dem Loch ragt eine Anhöhe aus gelbem und braunem Eis. Man kann verschiedene Schichten und flache Urinterrassen unterscheiden. Eis kann riechen, lerne ich jetzt. Ich erschrecke. Jurij wartet vor dem Bretterzaun. Er kann mich nicht sehen. Die Kälte und der Gestank machen mich hilflos. Ich denke, da knallt mir der Schwanz ab. Ich warte, wie ich glaube, eine Minute. Ich möchte Jurij nicht enttäuschen. Auf den zwanzig Metern Rückweg zum Auto erlebe ich so etwas wie einen moralischen Zusammenbruch. Ich friere, daß mir der Schmerz das Gesicht verzerrt.

Ich bereue die Reise nach Sibirien und beschimpfe mich innerlich als masochistischen Idioten. Ich trage ein langes Unterhemd, eine lange

Unterhose, zwei Pullover, eine Jacke, eine warme Hose und den Mantel.

Ich setzte mich wieder in den Jeep. Wir warteten. Wirbitzki setzte sich auf den Rücksitz und sagte zu mir etwas auf russisch – ich verstand es nicht. Er saß da, in Schaffellmantel und Pelzmütze, und lächelte und sagte mir Dinge. Es gibt eine Szene im zweiten Teil des Films *Der Pate*. Der Alte ist tot, der neue Mafia-Generalissimus, der Boß der Bosse, ein junger, gutaussehender und intelligenter Mensch, verurteilt seinen Schwager zum Tode. Der Schwager hatte vor längerer Zeit durch eine geschickte Intrige den Bruder des neuen Mafia-Chefs, der als der Älteste hätte Chef werden sollen, in eine Falle gelockt. Der Bruder wurde von einer konkurrierenden Bande mit Maschinenpistolen durchlöchert. Die Intrige war außergewöhnlich geschickt aufgebaut. Der Schwager hatte mit seiner Frau – der Schwester der Mafia-Brüder – Streit angefangen und sie verprügelt. Die Schwester rief ihren ältesten Bruder am Telefon zu Hilfe. Der geriet so in Wut – und reagierte damit wie erwartet –, daß er sofort losfuhr, ohne die üblichen Vorsichtsregeln zu beachten. Er fuhr in eine Falle. Es dauert Monate, bis der andere Bruder, jetzt Clanchef, dahinterkommt, daß ein Zusammenhang besteht zwischen dem Ehestreit und dem Mord.

In der Szene, die ich meine, sitzt der neue »Pate« mit dem Schwager an einem Tisch. Die Szene ist sorgfältig gearbeitet. Der »Pate« sitzt dem Schwager nicht gegenüber, er sitzt seitlich zum Tisch. Sie sitzen nicht an einem Eßtisch, an dem man sich einander zulümmeln könnte, es ist ein kleiner Tisch, ähnlich einem Couchtisch. Der

»Pate« trägt einen tadellosen, teuren blauen Anzug, einen schwarzen Hut und Handschuhe, die er in der einen Hand hält. Er hat dem Schwager in einer vorangegangenen Szene auf den Kopf zugesagt, den Ehekrach als Komplize des anderen Mafiaclans inszeniert zu haben. Er hat ihm ein Glas Rotwein hingestellt, ohne selbst von dem Wein zu trinken. Er spricht freundlich und höflich mit ihm, sagt ihm, sie sollten sich trennen, und er, der Schwager, sollte die Frau und die Wohnung aufgeben. Er nimmt das Weinglas des Schwagers, aus dem dieser einige Schlucke getrunken hat, und stellt es ein Stück entfernt wieder ab. Der Schwager versteht, er soll nicht mehr trinken, er soll sich verabschieden. Vor dem Haus wartet ein Wagen. Der Zuschauer erwartet, daß der »Pate« den Schwager umbringen lassen wird, deshalb ist die familiäre Freundlichkeit des »Paten« das richtige Mittel, die Szene mit Spannung zu laden; so wird im Zuschauer Hoffnung für das Leben des Schwagers wach, er beginnt, Mitgefühl für ihn zu entwikkeln. Der Wagen ist noch keine hundert Meter gefahren, da hat ihm ein Killer des »Paten« mit einer Drahtschlinge vom Rücksitz aus den Hals zugezurrt.

Diese Kinoszene sah ich wieder, als Wirbitzki mich freundlich-aufmerksam betrachtete, während er sprach. In seinem freundlichen Lächeln steckte die Frage: Wie würde ich reagieren, sobald ich verstanden hätte, was er gerade sagte? Sein Kopf war nach vorn gerichtet, die Augen drehten sich zu mir herüber. Das lag daran, daß links neben ihm der Dolmetscher saß, ich aber vorn rechts von ihm. Das Ohr war beim Dolmetscher, das Auge bei mir.

Wolodja übersetzte: »Wir sind für Sie verantwortlich. Wir möchten nicht, daß Sie krank werden. Deshalb haben wir beschlossen, Sie durch bessere Kleidung zu schützen.«

»Wer ist ›wir‹?«

»Das ist ein Geheimnis.«

Sie führten mich in ein Zimmer in der Baracke. Dort lagen für mich bereit eine Pelzmütze, Fellstiefel und ein Schaffellmantel, alles neu, offensichtlich gerade aus einem Depot geholt. Der Wert der Kleidungsstücke kann nach meiner Schätzung nicht weit unter tausend Mark liegen. Ein Arbeiter beobachtet, ob mir die Sachen passen. Sie passen perfekt. Der Arbeiter gehört zu einer Brigade, die die Sachen für mich gekauft hat.

Ich bin in Verlegenheit. Ich möchte meine Dankbarkeit und meine Freude zeigen, werde darin behindert durch Schuldbewußtsein. Ich sage mir, dadurch, daß ich versäumt habe, mich angemessen auszurüsten, habe ich meine Gastgeber gezwungen, mir zu helfen. Verengt ausgedrückt nach Art eines Gegners, ich habe die notwendigen Ausgaben für eine Sibirienreise gespart und sie auf meine Gastgeber abgewälzt. Ein Weg aus der Verlegenheit wäre, ich würde verkünden: »Ich bezahle das!«

Die Männer um mich her genießen meine äußere Verwandlung wie ein Bühnenereignis, von ihnen inszeniert, ich bin ihr Hauptdarsteller. Aus einem weltfremden Menschen vom Schreibtisch wird wenigstens äußerlich ein Sibiriak. Das Bedürfnis nach solcher Inszenierung ist der Wunsch, sich den anderen näherzubringen, Fremdheit auszuräumen. Sollte es mir da erlaubt sein, auszurufen oder gebeugt vorzutragen: »Ich bezahle das!«? Ein Mensch in der Euphorie steigert sich gern. In ihrer Euphorie, mich in einen Sibiriaken verwandelt zu sehen, hätten sie mein Angebot, zu zahlen, nicht als besonders harmonisch empfunden. Es schien mir ein zu billiger Ausweg aus meiner Verlegenheit.

Ich fand nicht die Worte, die ihnen mein Bedürfnis nach Übereinstimmung mit ihnen unmißverständlich gezeigt hätten. Ich kroch in meiner Verlegenheit herum. Niemand ordnete die Aktion ein, entweder als Leihen oder als Schenken. Das blieb offen. Ich glaube, mich zu erinnern, daß ich gesagt habe: Ich gebe Ihnen die Kleidungsstücke vor der Rückreise nach Bratsk zurück. Ich wünsche, es gesagt zu haben.

Als wir das Gebäude verlassen, finde ich, der Armeejeep warte auf uns nicht weit genug entfernt. Ich hätte gerne erfahren, wie es ist, in den neuen Sachen längere Zeit durch die Kälte zu gehen. Wirbitzki und Jurij haben noch in der Baracke zu tun, Andrej nutzt die Wartepause für eine Zigarette. Ich leiste ihm Gesellschaft. Andrej raucht aus Rücksicht auf mich nicht im Fahrzeug. Ich stehe im Freien und warte auf die Wirkung der Minusgrade. Ich fühle mich wie ein Panzer mit einer Schießscharte: in dem Streifen zwischen Stiefel und Mantel quer über die Knie ist trotz langer Unterhosen ein deutlicher Temperaturunterschied zu spüren. Wenn der Körper gut isoliert ist, erträgt auch das Gesicht mehr Kälte. Jetzt fällt mir auf, daß das Atmen etwas schwerfällt. Ich habe keine Eile, in den Wagen zu kommen. Ich warte noch mit Wirbitzki auf Jurij.

Wirbitzki verabschiedet sich. Ich werde ihn ein halbes Jahr später wiedersehen. Ich sitze neben dem Fahrer, hinter mir Jurij, Andrej und Wolodja. Nach wenigen Kilometern fahren wir über die Lena. Darüber wird alles transportiert, was von den Menschen bis zum Baikalsee zum Leben und zum Bahnbau gebraucht und in den Siedlungen nicht hergestellt wird. Jetzt noch. Später ist das der Flaschenhals von einer Flasche so groß wie Europa. Zu sowas sagen die Militärs »strategisch«. Vor etwas mehr als zwei Jahren gab es hier keinen Übergang. Im Winter fuhr man über das Eis. Die Brücke wurde in zehn Monaten gebaut, die Pfeiler im Winter hochgezogen. Die Arbeiter bohrten siebzehn Meter tiefe Schächte in den Flußboden und füllten sie mit Beton. Damit die Mischung nicht gefror, setzten sie ein Haus mit beheizten Öfen dicht über jeden Pfeiler, das Haus stieg mit dem Pfeiler. Das Anrühren von Beton ist im Winter bei 50 Grad unter Null eine aufwendige Sache, die Mischung muß dauernd warmgehalten werden. Im April gerät das Eis in Bewegung, große Scherben stoßen Stücke aus dem Ufer. Gegen den Druck der Eisschollen hätte man nicht bauen können. Die Pfeiler mußten bis Anfang April über das Eis hinausragen.

Wir fahren den ganzen Nachmittag durch den Wald, auf einer breiten Schneise, kein Haus, keine Tankstelle. Ab und zu ein Lastwagen oder ein Jeep. Kein Personenwagen, nicht einer. Wegen der Unebenheiten kommen wir auf einen Durchschnitt von nur zwanzig Kilometern die Stunde. Das heißt, ich errechne das erst hinterher. Der Wagen kommt auf dem lockeren Schnee leicht ins Rutschen, beim

Überholen habe ich – na, sagen wir – Bedenken. Wenn die Löcher mal nicht so tief sind, tritt der Fahrer gleich aufs Gas, der Tachozeiger steigt kurz mal auf sechzig. Dieses Straßenstück ist noch keine vier Jahre alt. Je weiter wir fahren, um so jünger wird es. Den größten Teil der Strecke fahren wir neben der neuen Bahnlinie. Einmal begegnen wir einer Lok. Bahn und Lok sehen erstaunlich klein aus. Ich halte meinen Kassettenrecorder in der Hand, damit er nicht beschädigt wird; mit der anderen Hand halte ich mich fest. Das ist eine anstrengende Art, sich fahren zu lassen. Ab und zu berühren wir mit dem Kopf das Wagendach. Der Fahrer schiebt dann seine Mütze aus dem Gesicht. Ich auch. Immer wieder kleine Brücken aus Holzstämmen. Alles, was wir die nächsten 300 Kilometer überqueren, fließt in die Lena, wenn es wieder fließt.

Am Abend die erste Siedlung. Und die älteste an der Bahnlinie. Vor vier Jahren zog eine Gruppe von siebzehn jungen Leuten von Ust-Kut in die Taiga. Sie walzten mit drei Planierraupen einen zehn Meter breiten Strich durch den Wald. Fünf Traktoren zogen Wohnwagen und Ausrüstung hinterher. Die Temperatur lag bei 50 Grad unter Null. Der Brigadier lief den Planierraupen auf Schiern voraus durch die Bäume und suchte den günstigsten Weg. Er lief nach einer Karte mit einer Variante, die Geologen 1956 erarbeitet hatten. Sie kamen jeden Tag ungefähr zwei Kilometer vorwärts. Nach 34 Tagen erreichten sie die Gegend, an der jetzt die erste provisorische Bahnstation steht. Die Erbauer der Siedlung wurden noch zwei Jahre mit Hubschraubern versorgt, alles wurde eingeflogen, Baumaterial und Lebensmittel. Währenddessen bauten andere Gruppen die Straße.

Wir kommen in eine Kleinstadt aus winterfesten Holzhäusern, 6000 Einwohner. Das Holz ist noch hell. Das auffälligste Gebäude: das Kulturhaus. Wäre ich in einem katholischen Land in Lateinamerika, hielte ich es für eine Kirche moderner Holzarchitektur. Großes Foyer mit Theatersaal, Bücherei. Der zweite Komsomolsekretär führt uns. Die Ensembles fast aller Moskauer Theater und mehrerer Leningrader Theater haben hier schon gespielt, erzählt er. Ich bin ein Schriftsteller aus dem kapitalistischen Ausland, mir zeigt man überall zuerst das Kulturhaus und die Schule. Überall in der Welt macht man das so. Die Sowjets hoffen, daß ich im Westen berichten werde, wieviel sie für Kultur und Bildung tun. Mir ist's recht. Ich habe nichts gegen Kultur und Bildung im sibirischen Wald. In der Siedlung steht eine Schule mit zehn Klassen. »In einem Jahr werden in Swjosdny 250 bis 300 Kinder geboren. Swjosdny hat jetzt tausend Kinder und die höchste Geburtenrate in der Sowjetunion.«

Viktor zeigt uns ein Museum, das erste BAM-Museum. Die Sowjets haben eine Museumsleidenschaft. Kolchosen haben ein Museum ihrer Kolchose, eine Fabrik hat ein Museum, in dem man die Geschichte der Fabrik besichtigen kann. Swjosdny hat ein Swjosdny-Museum: in Glasvitrinen Auszeichnungen von Staat und Organisationen für die ersten Bautrupps, Fotos verschiedener Bauphasen, Netzarbeitskleidung gegen Moskitos, Werkzeuge, Landkarten, Ausweise.

In den Siedlungen haben sie eine Einrichtung,

sie nennen sie »Hotel«. Auf russisch heißt es »Gostiniza«. Das kann auch Herberge heißen, Gasthof. Ich bekam mein Zimmer, geheizt, Teppich, Radio, Kleiderschrank, Nachtschränkchen, Schreibtisch, bunte Tapeten an den Wänden, Vorhänge, Bettwäsche. Es gab fließendes Wasser. Es gab ein Wasserklosett. »Muß das sein?« dachte ich erleichtert. Anstatt schon wieder so frech zu sein, hätte ich fragen sollen, warum das bei der Kälte funktioniert. Ich habe es vor lauter Fragen vergessen. Meine Begleiter hatten es nicht schlechter, bis auf den Umstand, daß die vier in zwei Zimmern schliefen, wenn man das »schlechter« nennen will.

Was ich mache, während ich mich von der Speisehalle zur Herberge bewege, nachts um elf, das ist nicht Gehen, das ist Stolzieren, vor lauter Fell. Das alles läuft hinaus auf Glücklichsein. Das Bett federt wie ein Trampolin.

III

Wir schlafen lange und essen langsam. Dann fahren wir zur nächsten Siedlung. Die Siedlungen werden in mehr oder weniger regelmäßigen Abständen von 65 Kilometern angelegt. Wenn ich an Nija denke – Nija ist eine Siedlung, erbaut und bewohnt von Georgiern, eine georgische Kolonie –, sehe ich große Schüsseln voller gekochter brauncr Rindfleischbrocken vor mir, Weißbrot, Wodka und Wein. Wir saßen in einer Wohnung mit fünf Männern und aßen unaufhörlich bis in die Morgenstunden. Von Zeit zu Zeit hielt einer eine Rede mit Pathos, Andacht und Rührung. Die Rede wurde von allen beschlossen mit einem Wodka. Die Toastregeln verlangen, daß der Redner sein Glas auf einmal austrinkt, das ist meist nicht mehr als ein Doppelter. Es kommt vor, daß Aperitifgläser auf den Tisch geraten statt Schnapsgläser. Bei einem anderen Essen trank ich die Menge von zwei Doppelten auf einmal, auf »ex«, etwas weniger als ein Zehntelliter.

Sobald der Wodka den Schlund hinunterrinnt, greift jeder nach dem Wasser, es sieht manchmal aus wie der Griff nach einem Rettungsring. Andrej hielt Wasser- und Wodkaglas gleichzeitig in der Hand, um keine Zeit mit dem Ergreifen zu verlieren. »Ich habe jahrelang Spiritus getrunken«, sagt er, »ich kann Wodka nicht mehr ohne Wasser trinken.«

Was das Spiritustrinken betrifft, so bin auch ich

seit meinem zweiten Besuch in Bratsk nicht mehr im jungfräulichen Stande. Um zwölf Uhr nachts fanden wir uns in meinem Hotelzimmer, nicht lange nach dem Abendessen. Ich sagte zu den anderen – wir waren sechs Leute, darunter Wolodja mit seinem feinen Lächeln und seiner feinen randlosen Brille –: »So ein letzter Schnaps wäre nicht das Schlimmste jetzt.« Ein solcher Satz ist bei der sowjetischen Gastfreundschaft ein höherer Befehl. Sie berieten. Wir hatten im Restaurant eine halbe Flasche Wodka zurückgelassen. Ich erinnerte sie daran. Das nützte nichts, das Restaurant war geschlossen. Wolodja verließ schweigend das Zimmer. Es dauerte lange, bis er wiederkam, eine halbe Stunde. Er brachte neunzigprozentigen Spiritus, echtes Taigaprodukt aus der neuen sibirischen holzverarbeitenden Industrie. Wir stellten uns eine größere Menge Wasser zurecht. Wenn du davon einen Kasten nimmst, dachte ich, kriegst du einen Blindenhund gratis. Ich war offensichtlich der einzige, der Vorbehalte hatte. Beim Trinken von 90 Prozent gibt es eine Technik, durch die man die Schmerzen vermeidet. Sie stießen den Atem aus, kippten, ohne zu atmen, schütteten Wasser hinterher. Das geht, man spürt fast nichts. Der Luftstrom macht das Zeug brennen. Das Abstoßende für mich war der Geruch. Wir zogen hinunter ans Bratsker Meer, ein Stausee, dessen Arme sich über ein Gebiet ausdehnen, das fast so groß ist wie die Bundesrepublik. Um drei Uhr morgens hatten wir den Spiritus ausgetrunken. Am nächsten Tag fühlte ich mich krank, wie man sich eben nach einer Sauferei fühlt, ob mit oder ohne Spiritus.

Das Trinken ist stark formalisiert. Man kann nur trinken, wenn jemand eine Rede gehalten, einen Toast gesprochen hat. Das Glas berühren heißt sprechen, anders kommt nichts über die Leber. Ich erinnere mich, wie jemand ein leicht erschrockenes Gesicht zeigte, als ich spontan, nach Gewohnheit, während des Essens aus meinem Glas trank. Allein trinken, das ist ihnen fremd und befremdlich. Die Sitte des Toastens produziert zwei Freuden auf einmal, das Reden und das Trinken. In der Sowjetunion ist der Alkohol der größte Förderer von Rednertalenten, da man anders nicht trinken kann, als wenn man redet oder Reden zuhört. Die Gemeinsamkeit des Genießens ist ein Gebot mit der Autorität von mehreren tausend Jahren. Gemeinsam genießen oder gar nicht genießen. Der Kapitalismus hat in der Sowjetunion nie die Kraft erreicht wie bei uns; der Individualismus ist eine Frucht der kapitalistischen Produktionsweise. Wie zufällig eine Tischgesellschaft bei meinen Besuchen in der Sowjetunion auch zusammengesetzt war, mir schien – da jeder am Tisch einmal reden muß –, daß jeder größere Rednererfahrung hat, ob er siebzig ist oder fünfundzwanzig, ob Funktionär oder Arbeiter.

Setzt einer an, eine Rede zu halten, sieht das aus wie eine Notwendigkeit. Es erinnert an Gesten wie Gürtel öffnen, Hosenlatz öffnen, Pistole entsichern, Motor anlassen, Licht ausschalten. Alle hören auf zu sprechen und ergreifen ihr Glas, und halten es so lange in der Hand, wie die Rede dauert. Jurij konnte beim Zuhören so wunderbar konzentriert vor sich hinschauen, daß der Redner die Möglichkeit hatte, sich vorzukommen wie

Jesus oder Lenin, je nach seinem Geschmack. Der Blick der Zuhörer beim Toasten gehört zur Trinkspruchkultur. Er ermutigt, er erschafft die Rede mit, er kitzelt hervor, was an Talent, an Erfahrung, an Intelligenz und an Mut im Redner gelagert ist. Es ist selten, daß jemand es wagt, während eines Trinkspruchs ein separates Gespräch zu führen. Wenn man sich ein Verbrechen ausdenken möchte in der Sowjetunion, es genügte, einen Toastredner höhnisch anzugrinsen. Der Toast ermöglicht dem Redner, sich selbst zu entdecken. Er bekommt heraus während der Rede, wer er ist.

Die Ansprachen, die unsere fünf georgischen Gastgeber hielten, beeindruckten mich. Sie beeindruckten mich nicht durch Originalität und Witz, sie beeindruckten mich durch die Leidenschaft, mit der sie Wünsche vortrugen, die nicht privat mit ihnen zu tun hatten. Ich sah unsere Köchin in Kunerma auf den Frieden trinken mit tränenüberströmtem Gesicht.

Wir tranken in wodkastreckender Ausführlichkeit auf die BAM, auf die Erbauer der BAM, auf Georgien, auf die Frauen im allgemeinen, auf die Frauen der Anwesenden, auf die KPdSU, auf den Komsomol, auf die Freundschaft zwischen den Völkern der Bundesrepublik und der Sowjetunion, auf die Bewohner der Siedlung, auf die Bewohner der Heimatstadt eines jeden Anwesenden, auf die Zukunft der Menschen in den Siedlungen, auf die Opfer des Zweiten Weltkrieges, auf die ungeborenen Kinder, damit sie niemals sähen, »was wir an Schrecklichem gesehen haben«, auf den Erfolg meines Buches, auf die Qualität meines Textes und mehrere Male auf den Frieden.

Ein Trinkspruch, der besonders lange dauert, heißt in der ganzen Sowjetunion »georgischer Toast«. Jurij war ein leidenschaftlicher Trinkspruchsprecher. Er war berüchtigt für seine georgischen Längen. Er schob den Stuhl über die Holzbretter nach hinten und erhob sich. Er entfaltete eine Ergriffenheit, daß ich mir frivol vorkam. Er schaute kaum jemanden an, wenn er redete, konzentrierte sich auf die Tischplatte oder auf den Horizont. Er ließ keine Gelegenheit aus. Er wiederholte sich nicht. Seine Ausdeutungen der Anlässe verrieten eine Phantasie, die ich mir nicht zutraute. Er konnte Verdienste von Anwesenden glaubhaft verherrlichen, er schloß bei Gelegenheit auch die Vorfahren mit ein, etwa wenn er auf das lange Leben eines Irkutskers trank, er erwähnte dann die Strapazen, die die Kosaken vor dreihundert Jahren auf sich genommen hatten, als sie Sibirien eroberten. Er war von seinen Worten erschüttert, das kam bei uns nicht an als Schauspielerei, sondern als Eifer und Ernst. Niemand, mich eingeschlossen, bezweifelte, daß die Trinksprüche etwas bewirkten.

Andrej trieb die Ergriffenheit bei seinen Toasts noch weiter, er weckte in mir Stimmungen, die ich von Beerdigungen entfernter Verwandter kenne. Wir Zuhörer sahen während seiner Toasts aus wie Männer, die sich phantastisch beherrschen können. Wolodja übersetzte etwa: »Jeder von uns hat schon von Georgien gelesen oder war auch selbst dort. Ich möchte jetzt auf das Haus trinken, in dem wir uns befinden. Und man kann dieses Haus als bevollmächtigte Vertretung Georgiens betrachten. Und diese Vertretung vermag zu zeigen, daß sie das georgische Volk nicht nur vertreten, sondern das auch mit ihrer Arbeit beweisen kann. Fast keiner der Ausländer, die einmal in Georgien waren, kann Schlechtes von Georgien sagen, sie träumen alle davon, wieder hinzufahren. Ich war mit einer Jugendgruppe aus der BRD in Georgien, und sie war total begeistert.«

Die Georgier tranken auf mich, auf mein Volk, auf meine Heimat, auf meine Arbeit, auf meine Erfolge, auf meine Gesundheit. Ich sagte: »Man kann euch in eurem Wohlwollen nicht einholen.« Ich trinke auf das Andenken der zwanzig Millionen Sowjetbürger, die im Zweiten Weltkrieg umgekommen sind. Ich muß mich darauf konzentrieren, die Tränen zurückzuhalten.

25. Januar 1978.

Beim Frühstück wieder große Mengen Fleisch und Schnaps. 37 Grad Kälte, mildes Wetter nennen sie das. Bei 42 Grad darf man aufhören zu arbeiten. Niemand hört natürlich auf. Besichtigung der Siedlung und einer Baustelle. Sie bauen schöne Steinhäuser nach elegantem Entwurf. Später sagt mir der Erste Vorsitzende: »Ich finde es ja Quatsch, Steinhäuser zu bauen, ich finde Holzhäuser hier besser. Aber die Leute wollen es so.« Auf der Baustelle werde ich eingeladen, einige Backsteine zu vermauern. Der Mörtel ist warm und weich, er wurde in einem beheizten Kessel angerührt. Ich mauere eine ganze Schicht, viel Maurerhandwerk ist das nicht. Zwei Arbeiter tragen mir den Mörtel auf und legen mir die Steine zurecht, ich drücke nur ein bißchen die Steine in den Mörtel, ordne etwas ihre Lage und streiche mit der

Kelle darüber hin. Jurij fotografiert das, ein Amateurfilmer filmt.

Abends in Magistralnyi, der größten Siedlung zwischen Ust-Kut und dem Baikalsee. Von hier aus kann man an klaren Tagen das Baikalgebirge sehen, in 140 Kilometer Entfernung. Ein hübsches, intelligentes Mädchen empfängt uns. Beim Essen werde ich neben sie gesetzt. Ich erwische mich dabei, daß ich gefürchtet hatte, ich würde woanders sitzen.

Wieder zuviel Essen und zuviel Wodka. Diesmal halte ich mich zurück, trinke die vielen Toasts nicht mehr aus. »Sozialistischer Wettbewerb beim Toasten«, nenne ich das.

Wir sind jetzt dauernd zu viert, wenn nicht zu fünft, ohne den Fahrer. Dann sitzen meine Begleiter zu viert auf dem Rücksitz, halb übereinander. Ich sitze vorn allein, es ist nicht zu ändern, man würde anders nicht abfahren. Ich bemühe mich, das in Ordnung zu finden.

Die Zimmer hier sind gemütlich. Ich habe einen richtigen Schreibtisch mit grünem Filz. Ich sitze und schreibe und schaue in die Taiga. Hinter den Bäumen steht der große, rote Sonnenball. Das Zimmer ist ein Doppelzimmer, ich muß es mit Wolodja teilen.

Seit Tagen nicht geduscht. Ein Badeofen wurde meinetwegen angeheizt. Ich habe keine Lust zum Baden.

26. Januar.

Die Köchin, die uns am Morgen bedient, kritisiert Natascha und mich, weil wir zum Frühstück zu wenig essen, fast nichts außer der Crème fraiche und Kefir. Sie nennt das Hooliganismus (Rowdytum). Ich sage, bis spät in die Nacht hinein Wodka trinken, das ist Hooliganismus. Ich habe die Lacher auf meiner Seite. Ich spreche das Wort russisch aus: »Chuliganstwo«. Sie ist es, die uns am Abend animiert, zu essen und zu trinken.

Wir fahren in den Wald zu einer Brigade von Holzfällern. Wir treffen sie in einem Wohnwagen mit Bänken und Tischen und einem Ofen voller Glut, bei einer Teepause. Fahrt über den Waldboden in einem Raupenfahrzeug, mit dem die gefällten Bäume weggeschleift werden. Zwischen den Bäumen stehen einzelne verkohlte Stümpfe, wahrscheinlich die Reste eines früheren Waldbrandes. Im Sommer ist das Gelände sumpfig, voller Moskitos. Die Arbeiter schlagen eine Schneise für eine elektrische Überlandleitung. »Warum macht ihr die Schneise so breit für das Drähtchen?« Auch der höchste Baum soll die Leitung nicht berühren können, falls er stürzt.

Ich werde einem der Arbeiter vorgestellt, er ist Journalist, schreibt für eine Moskauer Zeitung eine Reportage über die Holzfällerbrigade. Die Arbeiter schieben ihre Motorsägen durch die Stämme, Birken und Lärchen purzeln in Zeitlupe. Jurij paßt auf, daß mich die Stämme nicht erschlagen. Ich sage dem Journalisten, ich möchte auch einige Zeit mit einer Holzfällerbrigade arbeiten, das sei eine gute Idee. Der Journalist hat eine Axt in der Hand. Er macht leichtere Arbeit, er putzt das Unterholz vor den Bäumen weg. Er springt durch den knietiefen Schnee um einen Baum und ruft mir zu: »Sieh, so muß man das machen!« und hackt mit der Axt eine Staude über der Schneedecke ab. »Schau!« ruft er und macht *ratsch,* »schau!« und *peng,* und er hüpft zum nächsten Bäumchen, *zack.* Rumpelstilzchen.

Auf dem Rückweg zum Auto bestehe ich darauf, zu marschieren. Ich freue mich auf die Bewegung wie ein Hund, der lange nicht aus dem Haus gekommen ist. Das lange Sitzen im Auto und beim Essen macht mich ungeduldig. Ich stapfe zwei Kilometer über den verschneiten Waldboden und komme unter dem schweren Lammfellmantel ins Schwitzen. Ich fühle mich sauwohl nachher im Wagen. Die schöne Natascha lobt mich wegen meiner Kondition, ich hatte meine Begleiter weit hinter mir gelassen. Dabei habe ich alles aus mir herausgeholt, was ich hatte.

27. Januar.

Andrej wird unansehnlicher. Von seiner ungewöhnlichen Schönheit des ersten Tages ist nicht viel übrig geblieben. Er ist übermüdet, trinkt und raucht zuviel, quasselt bis in den Morgen mit jedem, den er kriegen kann. Gestern klagte er über Herzbeschwerden. Ich riet ihm, sich mehr zu bewegen. Das war ihm wohl zu blöd.

Zur Siedlung Ulkan, 40 Kilometer von Magistralnyj, mit dem Fahrer und Natascha zu sechst. Bin müde, zu wenig Schlaf. Essen um sechs Uhr abends. Natascha besteht darauf, daß es das Mittagessen ist. Zum Essen Lachs, eine Art salade niceoise, Hühnersuppe, Huhn, Brot, Butter. Die Siedlung wurde ausgezeichnet als die schönste Siedlung des Westabschnitts, also von Ust-Kut bis zum Baikal. Ein halbes Jahr später, im Sommer, bei meinem zweiten Besuch, kann ich das gut verstehen. Natascha ist, wie Wolodja übersetzt, Rechnungsingenieur im Bauwesen; wahrscheinlich ist damit Betriebswirt im Bauwesen gemeint. Sie ist zweiundzwanzig.

28. Januar.

Fahrt zum Tunnel. Die Baikalkette ist fast dreitausend Meter hoch. Sie liegt quer zur Bahntrasse. Die letzte Siedlung davor heißt Kunerma. Bis dorthin reicht die Bahn noch nicht, sie geht bis Ulkan. Jurij läßt an der Stelle halten, wo das Gleis abbricht, aufhört. Er macht eine Aufnahme von mir mit dem Fuß auf dem Gleisstumpf. Von Moskau bis hierher gibt es einen ununterbrochenen Strang aus Stahl, hier, wo ich stehe, bricht er ab. Was reizt Menschen, sich mit so einer Stelle fotografieren zu lassen? Ein Gleis, das mitten in der Landschaft aufhört, sieht aus wie ein Happening. Der Fuß muß aufs Gleis, damit überhaupt jemand merkt, daß es da aufhört. Die Haltung sagt auch: Ich habe das wahnsinnige Gleis, das immer gleich um den ganzen Erdball rasen möchte, zum Stillhalten gebracht. Das Foto bedeutet auch: Ich bin zum äußersten Punkt vorgestoßen, ich bin die Grenze der Zivilisation. Ich wage. In dem Bild steckt auch der Satz: Habe ich nicht gute Verbindungen, daß ich an einem solchen Punkt sein darf? Was muß ich für ein wichtiger Mensch sein!

Von Kunerma geht es hinauf bis auf 1000 Meter. Dort soll die Bahn durch den Riegel. An manchen Stellen liegt vier Meter Schnee.

Das Gebirge wurde vor kurzem angebohrt. Das Loch geht vierzig, fünfzig Meter hinein. Daneben ein Paralleltunnel mit kleinerem Durchmesser,

Wolodja nennt es einen Versorgungstunnel. Der Berg ist ein einziger Stein. Was wir da sehen, ist Heldentum. Die amerikanische Bohrmaschine ist ausgefallen, hier oben ist die Luft fünfzig Grad kalt. Die Maschine – ein hausgroßes Gerüst – steht in einem Zelt, das Zelt wird elektrisch beheizt, damit es das empfindliche amerikanische Monstrum gut hat, auch wenn es nicht arbeitet. Ich sehe im Hintergrund eine hellrot glühende Spirale; elektrische Energie ist hier billig. Die Maschine sollte gleichzeitig acht Sprenglöcher bohren. Die Techniker erwarten nicht, daß sie in diesem Winter wieder eingesetzt werden kann. Bis eine sowjetische Maschine angekommen ist – das soll drei Wochen dauern –, bohren die Arbeiter die Sprenglöcher mit Preßluftbohrern. Das sieht aus wie eine Szene aus *Gullivers Reisen.* Das Gebirge, das ist härtestes Gestein, die Arbeiter pieksen es mit Getöse, sie halten ihre zitternden Stahlfinger dran. Dieser Tunnel wird sieben Kilometer lang. Eine Brigade hat sich von der Paßhöhe auf die Höhe der Tunnelsohle hinuntergebohrt. Sie sprengt sich den äußeren Mannschaften vom Inneren des Berges entgegen.

Die Bahn muß zweimal durch den Baikal-Riegel, der nächste Tunnel hat sechzehn Kilometer. Bei diesem Tunnelbau fräsen sich fünf Brigaden von oben in den Berg hinein, zwölf Mannschaften bohren gleichzeitig in beide Richtungen.

Sie sind die einzigen Menschen auf dem Massiv, im Umkreis von fünfzig Kilometern (Luftlinie) lebt niemand. Jetzt verstehe ich, warum keiner ohne ärztliches Zeugnis an der BAM arbeiten darf. Wirbitzki, glaube ich, sagte mir, wem fünf Zähne fehlen, dem erlaubt man nicht, an der BAM zu arbeiten.

Die fünfzig Grad werden lästig, weil wir nur bewundernd herumstehen. Sie zwingen uns weg. Wir sind am Ende des Westabschnitts der BAM. Wir machen kehrt. Wir fahren bis nach Magistralnyj zurück.

Einmal lasse ich anhalten, ich muß austreten. Ich muß es am Rand der Fahrbahn machen, ein Schneewall sperrt mich in die Piste. Neben mir halten zwei Raupenfahrzeuge, eines von ihnen schleppt mehrere lange Föhren an der Kette. Ich denke, sie warten auf etwas, das trifft sich gut. Als ich wieder in den Jeep steige, merke ich, sie hatten auf mich gewartet.

Während der Nacht hält uns ein LKW auf. Der Fahrer ist betrunken. Das wird ihn teuer zu stehen kommen, falls ihn jemand erwischt in dieser Einöde. Falls er nicht aus Leichtsinn erfriert. Der Mittelträger seines Schleppers war auf die Straße gefallen, hing aber aus irgend einem Grund noch an der Ladefläche. Wir versuchen, ihm zu helfen. Wir stemmen zu viert den Stahlträger wieder auf die Ladefläche. Während all der Zeit bemühen sich Jurij und Andrej, mich vom Helfen abzuhalten. Sie meinen, ich könnte verletzt werden. Sie kümmern sich um mich wie um eine Kostbarkeit, obwohl sie beschäftigt genug sind. Ich komme mir auf angenehmste Weise ausgeschlossen vor.

Wir erreichen Magistralnyj nachts um zwölf. Klarer Himmel, deutliche Sterne. Niemand öffnet uns. Das Hotelchen ist geschlossen. Wir tasten das Haus nach einem Schlüssel ab. Ab und zu schlagen wir gegen Fenster und Tür. Jurij fährt durch die

Siedlung, er sucht jemanden, der das Haus öffnet. Wolodja und ich bleiben vor dem Haus und warten, wie mir scheint, sehr lange. Unser Gepäck steht im Schnee. Zwei schwarze sibirische Hunde – Laikas – kommen bellend ums Haus gerannt. Ich renne ihnen entgegen, damit mir warm wird, und hinter ihnen her, an der Waldgrenze entlang. Ich denke, ob sie mich angreifen, wenn ich von Wolodja weiter weg bin?

Die elektrische Birne über dem Eingang leuchtet auf. Jemand öffnet von innen die Tür. Das Rumpelstilzchen aus Moskau. Er übernachtet hier, hatte schon geschlafen. Mit Wodka und Lachsbroten sitzen wir in der Küche bis drei Uhr morgens. Jetzt verstehe ich die Einwickelpakete, die Natascha seit Kunerma auf den Knien gehalten hat. Diese schöne, bescheidene, intelligente, unschuldige Frau. Andrej ist kaputt. Er redet und redet. Nach dem Wodka trinken wir Preiselbeeren mit heißem Wasser.

29. Januar.

Wenige Kilometer von Magistralnyj gibt es eine Stelle in der Taiga, von der kleine Flugzeuge aufsteigen. Wir fahren mit einem Kleinbus durch ein Dorf, das vor dreihundert Jahren von Kosaken gegründet wurde. Schwarze Blockhäuser mit weißen Spitzenrahmen. Der Wagen schleudert unser Gepäck in die Luft. Mir fliegt die Pelzmütze vom Kopf.

In einem Holzhaus besorgt Natascha unsere Flugtickets nach Irkutsk. Es ist ihr letzter Dienst für uns. Neben dem Haus liegt eine größere Schneefläche, die Piste. Während der nächsten halben Stunde sammeln sich etwa zwanzig Fluggäste im und am Holzhaus, mit Säuglingen, Kisten, Paketen, Kannen, Eimern, Koffern und Säcken. Vor einem Nachbargebäude hat ein Pferd mit einem Schlitten gehalten. Andrej und ich schauen uns das Pferd näher an, streicheln es. Auf dem Schlitten stehen Kisten mit Brot. Der Kutscher trägt die Kisten in ein Haus. Der Ausdruck Kutscher paßt nicht zu dem Mann, es wird ein Bäckereiarbeiter sein oder der Fahrer einer Bäkkerei.

Die Passagiere verstauen ihr Gepäck in zwei Seitenkabinen hinter dem Piloten und nehmen dann ihre Plätze ein. Ich komme mir vor wie in einem Bus in Kreta. Wir fliegen in geringer Höhe 600 Kilometer über die Taiga nach Süden, über einen schütteren braungrauen Pelz auf der weißen Haut der Erde. Während des Fluges sehe ich nicht mehr als zwei Siedlungen.

Ich habe nicht viel davon verstanden, wie die Menschen leben, die die Bahn über den sibirischen Kontinent ziehen. Im Sommer komme ich wieder.

IV

Sonntag, Ende August. Das Licht gibt allen Dingen jene sensationelle Sauberkeit, von der Maler träumen. In Mitteleuropa habe ich diese Beleuchtung noch nicht erlebt. Als ginge man über einen anderen Planeten, mit dünnerer Lufthülle.

Nach dem Frühstück verkünde ich Jurij und Tanja mein Programm. Ich komme mir verkrampft vor dabei, weil es das erste Mal ist, daß ich mich von der Gesellschaft entferne. Ich erkläre, ich möchte über die Erlebnisse der letzten Tage nachdenken, eine Stunde marschieren. Ich habe Angst davor, dieses Licht mit jemandem zu teilen. Ich habe es noch nie erlebt, ich will mich jetzt nicht auf Menschen konzentrieren, morgen ist das Licht weg. Ich möchte mich dann, sage ich, auf mein Zimmer zurückziehen und Notizen machen. Es kommt mir vor, als sagte ich, lieber Jurij, dein linkes Bein, das muß amputiert werden, und du, meine liebe Tanja, wirst eine deiner reizenden Arschbacken verlieren.

Tanja: »Wollen wir alle drei sprechen, oder willst du allein gehen?« Ich hatte gehofft, nicht noch einmal erklären zu müssen, daß ich allein bleiben möchte. »Das geht nicht, dann muß ich mich mit dir unterhalten und kann mich nicht auf meinen Text vorbereiten.«

Tanja: »Dann werden wir in eine andere Richtung gehen.«

Mir kommt es so vor, als könnten sie mich nicht

ganz verstehen. Ich muß darauf bestehen, ich fürchte, ich schreibe zu wenig.

Ich unterliege immer wieder demselben Irrtum. Aus Bequemlichkeit oder weil ich andere nicht warten lassen oder deren Pläne nicht gefährden möchte, notiere ich zu wenig. Oft geht es technisch nicht, wenn ich am meisten Zeit hätte: im Auto. Ich könnte während der Fahrten aufs Band sprechen. Ich scheue das Unverständnis von Zuhörern, die keine beruflichen Schreiberfahrungen haben, wie Tanja. Diktierte ich in ihrer Gegenwart: »Tanja sammelt Pilze, schneidet sie in Stücke und zieht durch die Stücke einen Bindfaden. Sie hängt die Ketten aus Pilzstückchen in der Küche zum Trocknen auf. Sie bringt die getrockneten Pilze, die durch den Wasserentzug erheblich an Umfang und Gewicht verlieren – sie klappern wie Miniaturkastagnetten –, nach Hause zu ihrer Familie« – spräche ich solchen Text ins Mikrofon, ich würde eine Reihe von Ereignissen auslösen, auf die zu reagieren mir lästig, aber unvermeidlich wäre. Tanja würde laut anfangen zu lachen und immer weiter lachen. Sie würde ihr Lachen unterbrechen und meine Notiz allen Anwesenden übersetzen. Sie würde mich fragen: Wozu brauchst du das? Was hat das mit der BAM zu tun, daß ich Pilze trockne? (Sie sagt nicht Pilze, sie sagt Pilzen, spricht es aus wie »Bldsn«.) Ich möchte Tanja eine solche Frage nicht beantworten. Ich müßte etwas erklären, das ich noch nicht durchdacht habe. Das Gespräch würde längere Zeit um dieses Thema kreisen, während wir mit dem Wagen interessante Punkte passieren und ignorieren. Ich ärgere mich über die Frage, die nie gestellt wurde und nie gestellt werden wird; von der ich weiß, sie kommt, wie der Einschlag der Granate nach dem Mündungsfeuer, wie die Ohrfeige meines Pflegevaters auf meine Wange, wenn ich die Wahrheit gesagt hatte, wenn ich auch nur einmal eine jener Winzigkeiten ins Mikrofon spräche, die aus Wörterbeeten Abenteuer machen.

Ich glaubte während meiner ersten Reise nach Sibirien, das merke ich mir schon, das ist ungewöhnlich, das vergesse ich nie. Natürlich vergesse ich das meiste von dem, was einen Bericht lebendig und glaubwürdig macht. Es sind die Winzigkeiten. Je größer die Zahl konkreter Partikel, um so glaubhafter die Reportage. Solche Partikel behält man nicht, weil es zu viele sind, die man sich merken müßte. Mehrere Wochen später saß ich vor Eintragungen wie: »Beschreibe das Denkmal«, oder »Die Geschichte mit dem Auto«. Ich wußte nicht mehr, was diese Hinweise bedeuten sollten.

Manchmal wünsche ich mir, ich könnte das Leben anhalten, bis alle Details in meinem Schreibheft aufbewahrt wären, ordentlich aufgeräumt. So, jetzt kann das nächste Erlebnis eintreten in meinen Tag. Während ich Vergangenes notiere, passieren im Nebenzimmer Dinge, die notierenswert sind. Man kann der pausenlosen Produktion von Eindrücken durch das Leben nur Herr werden durch pausenloses Mitschreiben. Mit einer Hand steuern, mit einer schreiben.

In meinem Schreibheft gibt es viele Einschübe. Ich schreibe auf, wie ich die erste Begegnung mit der Brigade von Gleisarbeitern erlebt habe, mit der ich arbeiten möchte. Ich unterbreche, gehe aus dem Zimmer, über den Flur, zur Toilette. Nebenan, in der Küche, sitzen Tanja und Jurij. Sie rauchen. Jurij hatte beim Essen seine Absicht bekanntgegeben, das Rauchen aufzugeben. Ich hatte darauf einen Toast gesprochen. Er sagt: »Today only one cigarette.« Ich antworte auf russisch: »Das ist ein Fortschritt.« Ich möchte mich bescheiden geben, weil mir nach Sarkasmus zumute ist. Ich biege ab in die Toilette. Ich höre Tanjas Stimme durch die Wand, sie murmelt. Wie sehr muß sich das, was sie sagt, gegen mich richten, denke ich, wenn sie so leise redet, obwohl sie weiß, daß ich wenig Russisch verstehe. Ich achte genau auf ihre Stimme, weil ich abschätzen möchte, wie deutlich sie das Geräusch des Urins hört. Mein behutsames Lenken des Strahls an die Senkrechte des Beckens entspricht Tanjas Gemauschel, mein Urin mauschelt.

Die Stimmung im Haus ist traurig. Ich bin nicht fähig, das zu ändern. Ich weiß, Tanja wäre nicht traurig, wäre nicht meine Unfähigkeit, meine Enttäuschungen über sie zu vergessen, zumindest zu verbergen. Ich kann meine Enttäuschungen nicht verbergen, weil ich mich nicht freimachen kann von der Hoffnung, das Herzeigen meiner Enttäuschungen könnte ihr Verhalten ändern.

Ich marschiere einige Kilometer neben den Schienen, von Kunerma nach Westen. Ich genieße es, von dem unausgesetzten Geplapper Tanjas befreit zu sein. Das Lärchenholz der Schwellen arbeitet in der Wärme. Es wird ihm zu eng unter den Geleisen. Es gibt Geräusche von sich. Sie klingen wie Knurren, manchmal wie Ächzen.

Die Stille. Kein Motorengeräusch, kein Geräusch, das von Menschen stammt. Das gibt es nicht einmal in den Bergen von Kärnten. An einem Sonntag habe ich im Gurktal eine Stunde lang aufgepaßt. Immer gab es eine Maschine, ein Flugzeug, eine Säge.

Die Trasse ist eine Bühne, die in der Taiga steht. Sie reicht nach beiden Seiten in die Ferne, das ändert nichts, sie ist eben eine sehr lange Bühne. Unter mir sind die Bäume, dazwischen versteckt sich mein Publikum. Der Zuschauerraum ist so weit. Ich aktiviere meine ganze Verstellungskunst, lasse mir nicht anmerken, daß ich weiß, daß ich beobachtet werde, während ich allein auf der Plattform meine Marschbewegungen mache. Der Himmel ist blau. Ich denke, meine Zuschauer haben Probleme, mich unbemerkt zu beobachten. Der Wald tritt an manchen Stellen zurück. Die Bäume sind herausgerupft, die Wachstumsschicht zerwühlt und zerrührt. An den Rändern des Erdteigs streben dünne Birkenstämmchen in die Höhe, manche haben ihre Haltung nicht durchhalten können, weil sie so dünn sind, sie haben sich gebogen wie ein Steinwurf. Diese Birken sprießen aus dem Boden, als würden sie aus engen Düsen gepreßt. Dann gibt es wassersatte Grasmatten; dann stehende Wasserflächen, die der Damm daran hindert, sich zu verteilen, mit still darin herumstehenden Bäumen. An solchen Stellen riskiere ich Blicke zur Seite.

Nach zwei Kilometern, nach drei, kommt ein Transparent. Es ist hoch über die Gleise gespannt, ein roter Tuchstreifen, schon bleich. In kyrillischen Buchstaben steht darauf: »Die Elektroarbeiter grüßen die Gleisarbeiter!« Die Gleisleger sind vor zwei Monaten hier durchgezogen, einige Wochen nach den Verlegern einer elektrischen Überlandleitung. Ich mache einige Aufnahmen. Das Transparent hängt so hoch, im Sucher ist nichts zu sehen, nur der rote Streifen auf dem blauen Hintergrund.

Während ich zur Siedlung zurückmarschiere, bilden sich zwei größere schwarze Wolkenhaufen unter dem blauen Himmel. Eine Windhose tänzelt hundert Meter vor mir über den Bahndamm als kreiselnde rüsselförmige Staubwolke. Sie zögert, verharrt über den Gleisen, aufmerksam geworden auf mich. Sie zischelt und schleckt den Bahndamm ab. Ich schaue ihr entgegen und bitte sie, mich nicht weiter zu erschrecken, nicht näher zu kommen. Ich sehe mich um nach Fluchtmöglichkeiten. Es würde mich nicht überraschen, jetzt Musik zu hören. Ich bin zu allen ekstatischen Äußerungen bereit. Ich bin einverstanden damit, statt zu fliehen, in die Knie zu sinken. Sie wandert in die Taiga und löst sich dort auf.

Ich setze mich ins Zimmer, schreibe. Nach kurzer Zeit werde ich schläfrig. Ich lege mich hin. Um vier Uhr nachmittags gehen wir mittagessen. Wir haben um elf Uhr vormittags gefrühstückt. Nach dem Essen bin ich immer noch müde. Ich lege mich ins Bett. Die Sonne scheint ins Zimmer. Der Taigasommer kommt durchs Fenster. Ich schlafe.

V

APN-Sascha macht schaurige Witze mit mir, intelligente Witze. Seit zehn Tagen, seit ich in Kunerma bin, leide ich an Kopfschmerzen und an Müdigkeit. Ich habe Migräneanfälle in dieser Häufigkeit noch nicht erlebt. Ich spreche mit dem Bahnhofsvorsteher ohne Bahnhof vor dem Gästehaus, und da verschwimmen seine Konturen. Ich weiß, jetzt dauert es nicht lange, dann kommen die Stiche über dem linken Auge. Meine Kopfschmerzen sind zeitweilig so stark – und das mir, der ich sonst nie Kopfschmerzen habe, es sei denn als Folge von Alkoholmißbrauch –, daß ich auf einmal verstehe, warum Menschen sich wegen anhaltender Kopfschmerzen erschießen. Während der ersten zehn Tage in Kunerma bin ich immer müde, nur abends nicht; ich möchte den ganzen Tag im Bett liegen. Ich verstehe das nicht. Ich denke, aha, jetzt ist es aus mit dir, jetzt fangen die Reparaturen an, was heißt Reparaturen, du fängst an aufzuhören. Welch ein merkwürdiger Zufall, daß das gerade in Sibirien einsetzt. Ich werde melancholisch.

Dann frage ich APN-Sascha: »Geht es dir hier auch so schlecht wie mir?«

»Terrible, terrible! Ich werde noch verrückt hier!«

Das macht mir Hoffnung, was meine Möglichkeiten betrifft, alt zu werden. Ich mißtraue APN-Sascha. Eines Tages funktionierte meine Kamera nicht mehr richtig. Ich hatte von einer westdeutschen Zeitschriftenredaktion eine teure japanische Kamera mit komplizierter Elektronik geliehen bekommen, der Chefredakteur versprach sich interessante Sibirienfotos. Ich fragte APN-Sascha um Rat, er fotografiert viel.

»Zeig mal her«, sagte er.

Er sprach Englisch und Spanisch fließend. Ich war mehrere Jahre in Spanien und hatte Spanisch an einer deutschen Dolmetscherschule unterrichtet. Wir sprachen in zwei Sprachen miteinander. Wenn einem ein Wort im Englischen gerade nicht einfiel, sagte er es auf spanisch und umgekehrt. Wir hatten so einen Riesenkorb von Wörtern, er konnte auch etwas Deutsch. Er betrachtete die Kamera. Er lobte sie, wie ich erwartet hatte, was ich mir aber nicht anmerken ließ. »Man hört ja sehr Gutes über sowjetische Kameras.« »Nein, so etwas haben wir nicht«, meinte er. »Aber jetzt ist mir klar, warum die hier nicht funktioniert. Sie kann gar nicht funktionieren. Wir haben hier Luftdruckunterschiede wie sonst nirgends auf der Erde, und das in kürzesten Abständen. Deine Elektronik macht das nicht mit. Stimmt es, manchmal funktioniert sie, manchmal nicht?«

»Stimmt schon.«

»Eben!«

Ich glaubte ihm, bis mir einfiel, die Batterie im Kameraboden auszuwechseln.

Wir sprechen alle über das Klima von Kunerma. Es sind verrückte Geschichten, die ich von meinem Fenster beobachte. Fest steht, wenn sich eine Wolke auch nur am Horizont sehen läßt, wird sie von den Bergen vor meinem Fenster eingesaugt, und sie entkommt nie. Meine Berge zerren sie heran, und sie nimmt auf dem Weg noch alles an Feuchtigkeit mit, sie kommt weit größer an, als sie war. Meine Berge zwingen sie, sich aufzugeben, auszulaufen.

In der flachen Taiga fällt im Winter wenig Schnee. Dreißig Zentimeter, vierzig, denke ich, stärker war die Schicht nicht um Ust-Kut. Um Kunerma steigt der Schnee bis über die Dächer.

Du schaust aus deinem Zimmer, und die Siedlung hebt sich ab wie ein Bühnenbild vor einer rauchweißen Wand. Dann gehst du in die Küche, schaust Tanja zu, wie sie ihre Pilze aus dem Eimer nimmt und auffädelt. Wenn du wiederkommst, stehen Berge im Hintergrund mit scharfen Konturen. Es müssen alte Berge sein, älter als die Alpen, alles Schroffe haben Temperaturunterschiede, Winde und Regen abgeschrubbt. Wenn du vom Essen kommst, sind die Bergkuppen weiß. Jetzt, denkst du, jetzt kommt der Winter. Am Morgen ist der Himmel blau, die Bergkuppen sind braungrau. Am Mittag siehst du kaum die Speisehalle, es regnet.

An einem trüben Nachmittag – draußen war alles dunkel vor niedrigen Wolken – saßen sie alle in der Gostiniza, Andrej, Jurij, APN-Sascha, Sascha von der Brigade, der Bahnhofsvorsteher ohne Bahnhof und Tanja. Ich merkte erst später, daß sie sich bei uns versammelt hatten zum Kartenspielen, weil sie plötzlich den Tisch aus meinem Nebenzimmer in das hintere Zimmer trugen. Wir hatten noch Wein und Wodka im Kühlschrank – Jurij hatte das besorgt aus der Speisehalle, da gab es so etwas auf einem Weg, der mir vorkam wie das, was wir eine Hintertür nennen.

Es war ein Tag, an dem ich es für möglich hielt, an einem Hirnschlag zu sterben. Ihr mögt mich für einen Hypochonder halten, wahrscheinlich zu Recht, aber die Angst, durch ein geplatztes Gefäß im Gehirn umzukommen, habe ich sonst nicht, ich rechne höchstens damit für später. Es wäre sonst sinnlos, daß ich das erwähne. Ich will damit sagen, wie sehr mir die klimatischen Verhältnisse in Kunerma zusetzten. Diese Erfahrungen waren mir neu, sie erschreckten mich.

Ich wandte mich an APN-Sascha, griff ihn mir durch eine Anrede aus den anderen heraus. Er war der einzige, mit dem ich direkt über Einzelheiten reden konnte. Tanja, die Dolmetscherin, verstand ganz allgemein wenig von dem, was ich gerne gesagt hätte. Sie hatte wenig Lebenserfahrung, meine Witze gingen wirkungslos durch sie hindurch. Sie schien ihre 21 Jahre in einer Art sozialen Käfigs verbracht zu haben. Es war erstaunlich, was sie alles nicht wußte. Eines Tages entdeckte ich, daß sie das Wort »seismisch« in ihrer eigenen Sprache nicht kannte. Ich hatte mich damit abgefunden, daß sie nicht wußte, was ein Nagel ist.

Ich erzähle APN-Sascha vom Föhn in München. Ein richtiger Föhn, sage ich, der räumt die Altersheime leer. Aber das hier, Kunerma, ist viel schlimmer. Wenn es eine Föhn-Skala mit zwölf Intensitätsgraden gäbe, stiege der Föhnmesser in Kunerma auf zwölf.

»Es ist furchtbar«, bestätigt er. »Wahrscheinlich hat das auch damit zu tun, daß wir hier unterhalb des Meeresspiegels liegen.«

»Unter dem Meeresspiegel?«

»Ja!«

»Wie tief?«

»Im Durchschnitt fünf Meter.«

Eine grausige Vorstellung. Vor uns das Baikalgebirge, das fast auf dreitausend Meter ansteigt, und davor ein solches Loch. Es ist unglaublich, ich möchte es gerne glauben, so etwas kann man zu Hause vorzeigen.

»Hast du das nicht gewußt?« fragt er. »Kunerma ist dafür bei den Topografen der ganzen Welt bekannt.« Er sagt es sachlich und ohne Lust, über die Tatsache zu staunen. Ich glaube ihm.

»Hast du schon mal vom ›Knochenberg‹ gehört?«

»Knochenberg?«

»Noch nie gehört?«

Ich muß zugeben, daß ich den Ausdruck nicht kenne.

»Es gibt einen Berg hier in der Nähe, auf dem wächst nichts, absolut nichts. Nicht mal Bakterien. Er ist kahl wie ein Knochen. Daneben liegt ein See, in dem gibt es keinerlei Leben. Schon gehört? Nein? Keinen Fisch, keine Pflanze, keine Muschel, keine Wasserspinne. Vor zwei Jahren sind zwei Journalisten aus Nischnij Nowgorod in den See baden gegangen. Sie sind nach einer halben Stunde im Wasser gestorben. Eine halbe Stunde hält man es aus, dann stirbt man.«

»Wie geht das?«

»Ich weiß nicht. Strahlung vielleicht.«

»Es wird doch kein Problem sein, da mal einen Geigerzähler hinzuhalten.«

»Was weiß ich, vielleicht haben sie das schon gemacht. Man hat hier andere Sorgen.«

Während sie Karten spielen, schreibe ich das auf, packe den dicken Fisch in mein Heft. Strahlengetötete Journalisten aus Nischnij Nowgorod – das bringt was! Was aussieht wie Leichtgläubigkeit, ist durch verschiedene Ereignisse zertrümmerte Skepsis. Die Köchin in der Speisehalle, die uns bedient, spricht auch von Strahlen, die aus den Bergen kommen. Wenige Tage nach meiner Ankunft kann ich das Datum meiner Uhr ohne Brille lesen, die Ziffern sind dünn wie der Strich einer Zeichenfeder, ich erkenne sie sonst nicht ohne Brille. Einen Tag später ist diese wunderbare Fähigkeit wieder weg.

Der Name des Platzes schließt dich auf für Märchen. Die Ewenken nennen ihn »den Ort, wo niemand wohnt«, »Kunerma«. Das Ewenkische (Tungusisch-Mandschu) wird von 30 000 Menschen gesprochen. Das Land, in dem sie leben, hat Platz für Italien und die Bundesrepublik, für England und Österreich, die Schweiz, Norwegen, Schweden, Frankreich und Spanien. Überall auf diesem Gebiet ließen sie sich einmal nieder, als Jäger und Fischer und Rentierzüchter. Das Land vor den Bergen, die in meinem Fenster stehen, war ihnen unheimlich. Später entdeckte ich auf einer Spezialkarte, daß bei Kunerma zwei Klimazonen aufeinanderstoßen.

Dieser APN-Sascha beschäftigt mich eine ganze Weile. Er ist bizarr und hilfsbereit. Und er ist bizarr aus Hilfsbereitschaft. Zum ersten Mal beobachtete ich ihn aufmerksamer, als er über Jurij schimpfte. Das erfrischte mich. Meinen Jurij beschimpfen, der den ganzen Tag für mich telefonierte, nach Irkutsk, nach Moskau, nach Ust-Kut; der

Getränke besorgte; der durchreisende Ingenieure abwimmelte, die gierig auf das zweite Bett in meinem Zimmer waren – diesen Jurij beschimpfen, fand ich herrlich ungerecht. APN-Sascha brachte einen neuen Ton in die Gruppe. Bisher war ich es, der schimpfte, wenn geschimpft wurde. »Ich brauche den nur zu sehen, dann reicht's mir schon. Ich halte es nicht aus, mehr als eine Minute mit ihm zu sprechen. Dann muß ich etwas erfinden, um wegzukommen. Dieser Mensch ist so dumm! So dumm! So dumm und borniert!« Er hob die Brauen, drehte die Augen nach oben, schob das Kinn vor – Zigarette im Mundwinkel – und stöhnte: »Er macht mich absolut wahnsinnig!«

»Ich kann nicht beurteilen, ob einer dumm ist, wenn ich seine Sprache nicht verstehe.«

»Bei dem *sieht* man, daß er dumm ist.«

Er glaubte kein Wort von dem, was er sagte. Er schimpfte aus künstlerischen Gründen. Er bemerkte, daß einige Töne hier fehlten, er litt darunter. Er schimpfte, um mich zu unterhalten. Es war für ihn ein biologisches Problem. Ein Lebewesen braucht Anstöße. Er wollte mir etwas bieten in dieser kleinen Insel von Holzhäusern. Er war der Außenseiter, ausgemergelt, schwarze Strähne wie ein Hieb durch die Stirn, mit drohend umherfegenden Augen nach dem dritten Glas, Zigarette im Mundwinkel. Er rauchte von morgens bis abends dieselbe Glut, er zündete eine Zigarette an der anderen an.

Er begleitete eine finnische Rundfunkjournalistin im Auftrag der sowjetischen Presseagentur Nowosti in Moskau, abgekürzt APN. Sie sagten mir, eine Ausländerin sei gekommen, eine Finnin.

So?

Sie möchte über die Gleislegerbrigade von Lakomow schreiben. Lakomow war der Brigadier, der »Vorarbeiter«, ein berühmter Mann auf einem Sechstel der Erdoberfläche. Sie dachten, es würde mich freuen, einer Kollegin zu begegnen. Wenn das so weitergeht, wimmelt es hier bald von Zuschauern. Vielen Dank.

Sie war eine feine Frau, blond und mager, mit aufgerissenen wasserblauen Augen, die immer fragten. Die Cordhose machte ihren kleinen Hintern nicht runder. Sie machte sich das Leben nicht leicht. Sie lebte mit der Brigade, ein Mikrofon in der Hand. Sie sprach Russisch und Englisch und Deutsch. Sie trank den Wodka mit uns beim Essen aus Kameradschaft und ohne Befriedigung. Sie wußte, was sie wollte, sie war zielstrebig. Sie begrüßte mich und fragte mich nach Tonbandkassetten. Ich hatte noch keine Tonbandaufnahmen gemacht, außer von einem georgischen Mädchenchor in Nija. Ich kam mir untüchtig vor nach ihrer Bitte, in eine Konkurrenz getrieben, in der ich den Konkurrenten unterstützen sollte gegen mich. Ich gab ihr zwei von meinen zwölf Kassetten. Sie hatte zu der Zeit dreißig Kassetten mit Sowjetgeräuschen im Sack.

VI

Such' dir aus, hatten Jurij und Wirbitzki zu mir gesagt, in welcher Siedlung du arbeiten möchtest. Wir hatten uns noch einmal alle Siedlungen angesehen, die ich im Winter besucht hatte, Swjosdny, Nija, Magistralnyj, Ulkan und die letzte vor dem Tunnel, Kunerma – Namen künftiger Städte. Mich reizte Nija wegen der Kaukasier. Meine Begleiter warteten auf meine Entscheidung. Nija hat's, dachte ich. Ich entschied mich für Kunerma. Dort endete jetzt das Gleis. In Nija bauten sie schon Steinhäuser, beschäftigten sich mit sich. In München hatte ich mir vorgenommen, im Wald zu arbeiten wegen des schönen Buchtitels »Als Waldarbeiter in der Taiga«. Das sah ich jetzt anders, an Ort und Stelle. Waldarbeiter arbeiten einzeln, bis auf die Baumfäller, die arbeiten in Zweiergruppen. Ich wollte verstehen, was ein Kollektiv ist. Eine Brigade von Gleisjustierern arbeitet wie ein Orchester. Ich wollte in einem Orchester arbeiten. Die Mitglieder einer Brigade, die Gleise legt, funktionieren wie die Teile einer Uhr. Das Zusammenspiel der Lakomow-Gruppe war so vollendet, daß sie für einen zusätzlichen Mann keine Arbeit hatte. Es gab keine andere Brigade von Schienenlegern auf dem Westabschnitt. Wir behaupteten, Karita, die Finnin, poliere die Schienen in der Lakomow-Brigade.

Jemand sagte: »Heute werden Gleise verlegt.« Das ging durch die Siedlung. Wer zu der Zeit nicht arbeitete – viele waren es nicht –, der fand sich ein wie zu einer Premiere.

Als Andrej und ich zurückkehrten von dem Wanderkriechen durch den Bäumeschutt, war eine Aufführung im Gange. Das geht über die Trasse wie ein Wirbelsturm. Die Brigade war umringt von Menschen, die zuschauten oder fotografierten. Einer hielt eine hölzerne Schreibunterlage in der Hand und schrieb, als malte er. Ich gefiel mir überhaupt nicht, als ich dazukam. Das Schlimme war, daß ich fotografierte, als könnte ich dadurch eine schwere Strafe von mir abwenden. Ich legte mich auf den nassen Schotter, um die Schienen von unten zu kriegen; ich rannte von einer Seite der Trasse zur anderen, schlitterte den Damm hinunter und stolperte ihn wieder hoch. Die Stelle war markiert durch eine querstehende Planierraupe, wo der Wirbelsturm in sich zusammensinken würde; sie war mir viel zu nah. Allmählich steckte ich mich mit meinem Fotografieren an und vergaß das Publikum.

Lakomows Leute konzentrierten sich so auf ihre Griffe, die Menschen ringsumher hätten auf dem Mond sein können, es wäre dasselbe gewesen. Sie waren erfahrene Schauspieler. Wir erkannten uns wieder, Lakomow und ich. Wir grüßten einander nicht, aus Keuschheit. Ich wollte nicht zeigen, daß ich diesen Berühmten kenne; er haßte es, Mittelpunkt zu sein, sobald die Brigade einige hundert Meter Gleis verlegte. Das wußte ich, auch deshalb kümmerte ich mich nicht um ihn. Ich wartete dauernd darauf, daß er den Zuschauerschwarm verjagte.

Ich hatte beim Fotografieren den Eindruck, daß

die Brigade sich insgeheim über die besondere Aufmerksamkeit lustig machte. Die Männer konnten die Auszeichnung nicht ernstnehmen. Was für ein Affentheater, schienen sie zu denken.

Das Gleis lag als Stapel von 25-Meter-Stücken auf einem Wagen, fertig montiert mit Schwellen und Schrauben. Der Wagen rollte auf den Schienen, die er gerade gelegt hatte. Der Fahrer dieses Montierzuges steuerte einen Greifer. Der Greifer glitt an Schienen vor und zurück, die über dem Wagen angebracht waren und ihm voranragten. Der Greifer tastete nach einem Gleissegment, packte es, hob es, sauste nach vorne damit und senkte es auf die Trasse. Zwei Männer standen am Wagen, sie dirigierten den herabschwebenden Abschnitt so, daß er genau an das verlegte Gleis anschloß. Vier Männer standen am freien Ende. Sie ergriffen das wedelnde Gleissegment und zogen es in die markierte Bahn. Aus Gründen, die ich nicht erkannt habe, hob der Fahrer das Stück Gleis manchmal wieder in die Höhe, dann kippte es und stand auf der Trasse wie ein Zaun aus Schwellen. Die vier Männer am Ende taten etwas, das ich immer wieder von verschiedenen Standpunkten fotografiert habe. Sie schwangen eine Art Rammbock aus zwei parallel montierten, einen Meter langen Schienenstücken. Dieses doppelte Schienenstück hing an zwei Stangen, die von den Arbeitern an Griffen gehalten wurden. Es schwebte daran hin und her wie eine Schaukel. Wenn die Arbeiter es nach vorne schwangen, knallte es gegen die Stirnseiten der Schienen. Die Schläge klopften das neue Gleisstück dichter an das verlegte Gleis. Die beiden Männer am Wagen brachten die Verbindungsplatten an und schraubten die Gleise aneinander, mit schnellen, auf den Kopf gestellten Pendelbewegungen, während der Greifer zurückraste und das nächste Segment packte.

Während dieser Zeit – vielleicht war es eine Minute, vielleicht anderthalb – sahen sich die Vier am Ende des Gleises den Zuschauern ausgeliefert ohne den Schutz ihrer Aufgabe, ohne Arbeitsgriffe. In dieser Minute spielten sie Fußball mit einem herumliegenden Stein. Die sozialistische Welt betrachtete in einer Art Rausch das Hinlegen dieser Eisenstücke. Kein Ort, von der Elbe bis zum Japanischen Meer, in dem man nicht schon einmal von diesen Arbeitern gesprochen hätte. Das hielten die Vier an der Spitze nur aus, während sie arbeiteten. Sie fühlten sich von den Zuschauern falsch behandelt. Sie erleichterten sich durch Treten. Ihre Füße sagten: Zum Teufel mit euch! Ihre Füße sagten: Ihr Arschlöcher, Gleise legen, das ist nichts. Versucht einmal, Schienen im Wald zu legen, ins weiche Moos, eine Schiene geht rechts an der Lärche vorbei, eine links. Macht euch nicht lächerlich mit eurem Geglotze. Das »I« haben viele Menschen geschrieben, wir machen den Punkt. Das sieht nach was aus, das ist eine Schau. Das »I« ist ein Buchstabe von sechsundzwanzig. Die ersten Bäume zu fällen, wo es sechzig Kilometer weit nichts gibt außer Bäumen, das ist viel schwieriger. Tut doch nicht so, als wärt ihr dümmer als wir.

In dieser Situation mit den Füßen zu sprechen ist ein Ausweg, wenn man nicht bereit ist, zu beleidigen.

Karita kletterte an der Außenwand des arbeitenden Montierzuges hinauf zum Fahrer. Sie hatte den Jahrhundertvorgang unter sich. Sie schien sich hier sehr wohl zu fühlen. Ich hatte noch nicht einmal bemerkt, daß man an der Außenhaut hochklettern konnte. Ich stieg ihr hinterher. Meine Kamera würde dort oben die ganz tollen Sachen zu fressen kriegen. Der Wagen verdeckte alles, was es an Arbeit zu sehen gab. Karita wußte das, sie hatte mir von oben abgewunken. Ich hatte das nicht verstanden. Das Schauspiel war ohnehin zu Ende.

25. August 1978.

Zehn Kilometer von Kunerma nach Westen, vom Gebirge weg, gleisabwärts. Wir staken von der Autopiste über aufgewühltes Erdreich zum Damm. Oben arbeitet die Brigade, die ich besichtigen komme, bei der ich mich bewerben möchte. Das erste, was mir auffällt, ist eine Arbeiterin, die so gut aussieht, daß ich Mühe habe, mich auf etwas anderes zu konzentrieren.

Richtige sowjetische Arbeiter. Mir kommt vor, was ich sehe, sind intelligente Leute. Könnten sie hinter einen Fahrkartenschalter des Münchner Hauptbahnhofs passen? Sie könnten. Einige könnten Lehrer sein. Ich versuche alles zu interpretieren, was mir vor die Augen kommt, sobald ich die schöne Arbeiterin ein bißchen vergesse. Ich suche nach Unlust, nach Resignation und Stumpfsinn in ihren Gesichtern. Ich finde nichts dergleichen.

Ich mißtraue meiner Wahrnehmung zuweilen, vielleicht bin ich zu parteiisch. Ich bin darauf gefaßt, daß meine »politische Einstellung« es mir erschwert, Dinge zu sehen, die meinen Standpunkt in Frage stellen könnten. Ich wünsche den Sowjets Erfolge. Ich bin einer von denen, die sich freuen, wenn sowjetische Sportler gegen US-amerikanische Sportler gewinnen. Ich wünsche den Amerikanern Mißerfolge, nach meiner Meinung leiden sie unter Erfolg. Mir hängt alles Amerikanische zum Halse heraus; westdeutsche Manager im Flugzeug mit ihren immer gleichen idiotischen flachen Köfferchen und gleich idiotischen Gesichtern und gleich idiotischen Anzügen; alle Fordmodelle aller Länder – das ist das absolut Scheußlichste, was es an von Menschen geschaffenen Formen je gegeben hat; ich danke mir auf den Knien, seit zwanzig Jahren habe ich keinem Tropfen Coca-Cola gestattet, mich zu berühren; mich stört, daß die Amerikaner das Knurren von Hunden als Buchstaben »R« in unser gesprochenes Alphabet eingeführt haben, die menschliche Stimme hat nach meinem Urteil auch bisher genug Möglichkeiten gehabt, »R« zu sagen.

Ich fühle mich unter sowjetischen Menschen wohl und sicher, frei von den Schrecken der Konkurrenz. Die Beziehungen der Menschen zueinander sind wärmer, sie begegnen sich mit einer Zutraulichkeit, die bei uns naiv wäre. Das Leben fängt an, schön zu werden, wenn man vor anderen Menschen keine Angst zu haben braucht. Ich erlebe während meiner Sibirienwochen diese Lebensgemütlichkeit, es tut mir wohl, wie kleiner Ehrgeiz sich in mir auflöst. Ich weiß natürlich, daß mir viele nicht glauben, aber wenn ich mich selbst zensiere, werde ich langweilig. Das Schlimmste an mir aber ist, daß ich jetzt auch nichts mehr gegen

Funktionäre habe, seit ich einige von ihnen näher kennenlernte.

Die USA sind alt, die Sowjetunion ist jung. Die Sowjets fangen ihre Geschichte erst an. In jedem Jahr entstehen auf ihrem Gebiet zwanzig neue Städte. Meint ihr, den verzogenen Römerbürschchen hätte die germanische Vitalität geschmeckt, die die Antike beendete und das Mittelalter einleitete? Verlaßt euch nicht auf die Amis. Der Ami-Ofen ist aus, der Geschichts-Ami-Ofen. Ich agitiere nicht, ich möchte meine Sympathien begründen. Der Leser muß wissen, was mit mir los ist.

Ich möchte Macht haben über sowjetische Oberflächen. Vieles sieht unfertig aus und ist unfertig. Ich denke an ein Hotel in Erewan, Hotel Ani, es war aus besonders schönen violetten Lavasteinen: an manchen Stellen hing der Mörtel aus den Ritzen heraus. Lichtleitungen auf dem Putz, übertünchte Lichtschalter, abgerissene Klodeckel, ein Ölanstrich, der getrocknet war, bevor die Pinselstriche verlaufen sind – das provoziert mich. Uns Westtypen fehlt das Raffinement, bei den Oberflächen, beim Steak, beim Salat, im Bad. Die Sowjets sind in einer Pionierepoche. Den Westernfilmen aus den Vereinigten Staaten kann man entnehmen, wie Oberflächen in einer Pioniergesellschaft aussehen.

An den Sowjets ärgert mich, daß sie nicht italienisch genug sind. Das heißt, mich beschäftigen Fragen des Designs ziemlich stark. Ein italienischer Schuh, ein italienischer Anzug – da stecken einige tausend Jahre mehr Schlauheit drin. Davon verstehe ich was, bei meiner Art von Eitelkeit. Im Vergleich dazu ist für mich ein sowjetischer Schuh eine traurige Sache. Der »Wolga« hat etwas erschreckend Fordhaftes.

Ich ging in eine zweiklassige Volksschule in einem Seitental des Gurktals in Kärnten. Meine Pflegemutter hatte mir etwas geschenkt, was ihr ein Taschenmesser nennen würdet. Es war ein Taschenfeitel. Ein Taschenfeitel ist kein Taschenmesser. Ein Taschenfeitel ist eine Stahlklinge, die man in ein rundes Stück Holz zurücksteckt; das Heft ist ein rundes Stück Holz mit einem Schlitz, da wird die Klinge hineingesteckt, aufgeräumt. Das Heft hat nicht die Aufgabe, den Reichtum und Geschmack des Besitzers auszudrücken. Manche Hersteller ziehen Zierringe um das Holz, um es aufzumotzen. Das ist ein Fehler. Versuche, aus dem Taschenfeitel ein Taschenmesser zu machen, sind zum Scheitern verurteilt. In der Schule im Glödnitztal – ein Tal, speziell fürs deutsche Volkslied entwickelt – tauschte ich sofort den Taschenfeitel meiner Pflegemutter gegen ein mit Perlmutt besetztes Taschenmesser. Erstaunlicherweise fand sich ein Schüler, der von meinem Feitel stärker angezogen wurde als von seinem Perlmuttertaschenmesser, um nicht zu sagen, von seinem Damentaschenmesserchen. Ich nehme an, er ist mittlerweile Kulturdezernent bei der Kärntner Landesregierung in Klagenfurt.

Meine Pflegemutter sprach von Charakter und davon, daß der meine schlecht sei. Sie sprach zu mir über mich wie über verdorbene Milch. Sie hatte ihre besonderen Ansichten über Erziehung. Einem Kind mit schlechtem Charakter kann man ruhig sagen, daß es einen schlechten Charakter hat, denn Charakter ist unveränderbar wie die Gene, wie die Kopfform. Man kann sich bemühen, ein guter Mensch zu werden, man kann neunzig Menschen das Leben retten, es ist nutzlos. Man kann sich um Charakter nicht bemühen, man kann sich keine Verdienste um seinen Charakter erwerben. Zu seinem Charakter ist man sein Leben lang verurteilt. Gott hat gewollt, daß ich so einer bin, der einen Taschenfeitel gegen ein Perlmuttermesserchen eintauscht; einer, der vom rechten Lebensweg abrutscht. Sie sprach das »R« im Wort »abrutscht« als theatralisch daherrollendes Zungen-R. Sie war eine protestantische Dorfschullehrerin aus einem angesehenen Kärntner Pfarrerhaushalt, alle ihre Brüder hatten den Doktortitel, Onkel Siegfried viermal, der war in der Kommunistischen Partei Österreichs.

Das wußte ich damals nicht. Als Hitler in Österreich einmarschierte, trat sie der Faschistenpartei bei, aus ehrbaren Motiven. Ich dachte zu ihr hinauf, so etwas Feines und Gutes wie du werde ich nie werden. Ich spürte mit meinen neun Jahren den Zynismus desjenigen in mir entstehen, der sich als gesellschaftlichen Dreck akzeptiert hat. Mit fünfzig war sie noch so schön, daß ich mich in sie verliebte. Da war ich sechzehn. Ich stahl ihr ihre früheren Fotos und ließ mich von ihren vergilbten Porträts durchwühlen. Auch jetzt bin ich überzeugt, daß sie zu den schönsten Frauen gehörte, die jemals gelebt haben. Ihre Ansichten waren so provinziell blöd, daß sie sie fanatisieren mußte, um ihr hinreißendes Gesicht nicht zu verunstalten. Verkürzt: sie mußte in die NSDAP, um nicht häßlich zu werden. Der Gang der Fünfzigjährigen durch den Flur gehört zu den aufregendsten Eindrücken meines Lebens.

Trotz ihrer Übermacht fand ich Perlmutter schöner als ein Stück Holz, in dem die Klinge nichts weiter kann als verschwinden.

Jurij stellt uns vor. Er erklärt dem Brigadier, daß wir eine Brigade suchen, bei der wir arbeiten können. Andrej und Jurij werden auch arbeiten. Der Brigadier hat ein langes, mageres Pferdegesicht mit zwei tiefen, langen, senkrechten Falten in den Wangen, blaue Augen, buschige Brauen, die sprühen Haare. Sein Blick pendelt um die Grenze zwischen Drohen und Erschrecktsein. Ich bitte Jurij, zu fragen, ob es die Arbeit der Gruppe auch nicht störe, wenn wir dazukommen. Es stört nicht. Ob es nicht störe, wenn ich ab und zu Fotos von ihnen mache? Es stört nicht.

Ich beobachte, wie sie arbeiten. Sie kümmern sich nicht um uns. Nach einigen Minuten des Gesprächs fällt mir auf, daß sie inzwischen ein langes Stück Gleis gehoben haben, der Schotter des Abschnitts ist dunkler, von der Bewegung sind feuchte Unterflächen der Steine nach oben gekehrt. Eine Strecke von fünfzehn Metern samt Schwellen ist plötzlich höher als die übrige Strecke. Quer über den Schienen liegt eine Wasserwaage. Ab und zu unterbricht der Brigadier das Gespräch und legt sich aufs Gleis, dann gibt er Kommandos: Höher! Niedriger!

Ich stehe in der Nähe eines Arbeiters, der mit einer Art Wagenheber das Gleis hebt. Er fordert mich auf, das Ding in Bewegung zu setzen. Ich drücke die Stange hin und her, bewußt langsamer als der Arbeiter. Die Schiene hebt sich deutlich, die Schwellen heben sich aus dem Schotter. Ich finde, es strengt mich nicht sehr an. Ich denke, wenn du das eine Stunde machst, bist du erledigt. Gut, daß du zu nichts verpflichtet bist, du kannst dich in vierzehn Tagen zu der erforderlichen Kondition hinauftrainieren.

Einige Arbeiter stoßen mit einem Holzspaten den Schotter unter die Schwellen. Die Gruppe ist bereit, mich zu nehmen. »Natürlich«, sagen sie.

Ich trage einen schwarzen Pullover. Die Sonne scheint, es ist warm. Ich spüre auf dem Rücken einen auf Nadelspitze konzentrierten Juckreiz. Ich wundere mich über die Intensität des Juckreizes. Er wiederholt sich an anderer Stelle. Dann begreife ich: es sind die berühmten Moskitos des Taigasommers. Ich hatte sie vergessen, trotz meiner Angst vor ihnen: in der Siedlung gab es keine. Innerhalb einer halben Stunde zeigen wir alle zahlreiche flache, rote Schwellungen an Gesicht, Ohren und Händen. Die Streckenarbeiter kümmern sich nicht um die Moskitos.

Ich hatte mit qualvollen Nächten und Tagen gerechnet. In meinem Zimmer war nie auch nur eines dieser Tiere aufgetaucht. Ich hatte mir in München Schutzmittel gekauft. Der Sommer ist nicht mehr lang, einige Tage noch. Man sieht die Moskitos unter dem bevorstehenden Wechsel der Jahreszeit zusammenbrechen. Sie sind schwach, lassen sich leicht kriegen. Ihr Stich ist nicht so unangenehm wie der Stich der Schnaken vom Starnberger See. Sie haben eine Eigenheit, die sie mir fast sympathisch macht, in der Mittagspause stellen sie ihre Angriffe ein und lassen uns in Ruhe essen. Sie vertragen die Mittagssonne nicht, sie ziehen sich in den Wald zurück.

Wenn wir gegessen haben, rennen wir ihnen hinterher. Der Waldboden ist bedeckt von Pilzen, Heidelbeeren und Preiselbeeren. Ich sage nicht mehr: »Wir gehen Pilze sammeln«, ich sage: »Wir gehen Pilze abholen.« An manchen Stellen des Waldes dachte ich, ich leide unter einer Sehstörung, unter einem blauen Schleier in den Augen. Mit einer Hechel ist ein Eimer in Minuten voll von Heidelbeeren. Ich kämpfe gegen die Beerenmassen mit einer Art Freßdelirium. Es tut mir leid, daß ich die Millionen Tonnen Beeren zurücklassen muß. Völker könnten sich daran überfressen. Man könnte mit der Farbe dieser Heidelbeeren alle Häuser der Erde anmalen, es bliebe einiges für die Autobahnen.

Die Moskitos wolken uns ein. Sie geraten in den Mund, in die Nase, man atmet sie, sie verfangen sich zwischen den Lidern. Fünfzig Meter weiter gibt es so gesundes junges Arbeiterblut, wie gut könnten sie es haben!

Wir verabschieden uns von der Brigade. Der Brigadier ruft einen Arbeiter aus dem Wald, den Fahrer eines »Magirus«-Lasters mit einem Aufbau für Personenbeförderung. Der fährt uns ein Stück zurück, im Zwanzigkilometertempo, das äußerste, was der Fahrer uns und dem Wagen zumuten will. Wir werden, scheint mir, noch stärker geschüttelt als im Kleinbus. Ich lasse ihn unterwegs halten und steige aus, ich möchte noch ein Stück zu Fuß gehen.

Während wir am Gleis entlangmarschieren, holt

uns eine Gruppe von Jungen ein, Kinder zwischen sechs und vierzehn. Aus ihren erdbraunen Köpfen leuchten weiße Zahnreihen, makellos wie die Kunstzähne amerikanischer Greise. Sie fahren mit einer rollenden Plattform auf den Schienen, zwei schieben abwechselnd, die anderen, an die zehn, stehen oder sitzen. Die Haltung, in der die kleinen erdfarbenen Gestalten über die Trasse schweben – in Spanien würde man sagen: stolz; typisch spanisch. Ihr Dahinziehen beschäftigt mich lange. Die Künstlichkeit ihrer Bewegung tritt in dieser Umgebung, in der sich nichts waagrecht bewegt, in der es keine gerade Linie gibt, außer an der Bahn, mit großer Kraft hervor. Ich würde gerne einen Film machen mit der Gruppe. Tanja erklärt ihnen, ich sei aus der Bundesrepublik und wolle ein Buch über die BAM schreiben. Einer von ihnen: Aber das ist doch ein kapitalistisches Land! Sie laden uns ein, aufzusitzen, sie bieten uns den Roller als Taxi. Es sind noch drei Kilometer bis zur Siedlung. Ich ziehe vor, zu marschieren. Ich habe Hunger nach Bewegung.

Jurij marschiert mit mir. Tanja läßt sich fahren. Natürlich, denke ich, die faule Sau. Und mit einundzwanzig so eine Wampe. Jurij geht mir zu langsam, ich marschiere ihm davon. Auch die Jungen bleiben zurück, mit der gacksenden und unaufhörlich schwatzenden Tanja auf der Plattform. Nach einer Weile holt Jurij auf, wir marschieren einige hundert Meter wortlos nebeneinander her. Dann läßt er die Sohlen schleifen und fällt zurück. Er wird nicht allmählich langsamer, und die Sohlen werden nicht allmählich lauter, es ist ein Bruch. Von einem Schritt zum anderen. Er setzt aus. Vielleicht ist ihm etwas Wichtiges eingefallen, und er hat vergessen, das Tempo zu halten. Ich möchte auf meinen Schwung nicht verzichten. Mich beschäftigt das Problem, ob es ihn verletzt, wenn ich ihn wieder zurücklasse. Ich versuche den Kompromiß, droßle den Schwung, achte aber darauf, daß der Abstand nicht ganz verlorengeht. Das zündet ihn wieder, er springt wieder an.

Die Jungen holen auf, überholen uns. Sie laden uns wieder ein, aufzusitzen. Ich lehne ab, Jurij fühlt sich verpflichtet, abzulehnen. In den Jungen ist etwas vorgegangen, es sind andere Charaktere. Man merkt, daß es ihnen schwerfällt, die Geschwindigkeit zu halten. Sie wechseln sich öfter ab im Rennen. Sie arbeiten. In Kunerma steht ihnen der Schweiß auf den Gesichtern. Tanja wird den Jungen gesagt haben, daß wir verabredet sind.

VII

Wir kommen trotzdem zu spät. Wir rennen ins Gästehaus, machen uns fein. Ich ziehe meine schwarze Samtjacke an. Sie sieht hier fast unanständig schick aus. Das habe ich gemein mit einigen Arbeiterinnen. Wenn die sich am Samstagabend im Klubhaus zeigen – da spielt eine Band –, kommt man sich vor wie in einer Filmszene von Buñuel.

Ich wechsle den Film, lege einen mit 200 ASA in die Kamera, den kann man noch auf 400 ASA forcieren. Das war der empfindlichste Film, den es damals gab; einige Wochen später kam auf der »Fotokina« mit großem Propagandaknall der 400-ASA-Film. Man nimmt kein Blitzlicht.

Im Theatersaal des Klubhauses sind zehn oder zwölf Personen versammelt, Sonntagskleidung. Sie stehen vor der Bühne und halten Sektgläser in den Händen, die gerade vollgeschenkt worden sind. Einige geben uns ihre Gläser, gießen sich andere ein. Ich erlebe die nachträgliche Änderung eines Eintrags im Standesamtsregister von Kunerma. Da ist ein Elternpaar, unter dreißig, mit einem Säugling. Das Baby existiert nur als Tücherpaket. Später darf ich mich durch die Hüllen graben und schauen.

Ich habe als Geschenk zur »Registrierung eines neuen Sowjetbürgers« ein Buch von mir mitgebracht. Das war nicht mein Einfall, Jurij hat mir dazu geraten. Er hat das Treffen arrangiert. Ich sollte auch diese Seite des Lebens in der Taiga kennenlernen. Ich schreibe eine Widmung hinein für das Kind und den Wunsch, es möge Deutsch einmal so gut beherrschen, daß es das Buch im Original lesen kann. Es ist im Moment das Intelligenteste, was mir zu Gebote steht. Der Akt des Schreibens wird von allen mit Schweigen und konzentrierter Aufmerksamkeit verfolgt. Die Handlung wird dadurch feierlich.

Tanja übersetzt: Weil wir zu spät gekommen sind, soll die Registrierung noch einmal vollzogen werden, als hätte sie nicht stattgefunden. Mit einem wichtigen Unterschied: ich soll einer der Taufpaten sein. Die Standesbeamtin streicht den ersten Text im Register. Wir setzen uns; die Eltern in der ersten Reihe, die Mutter hält das Kind; ich hinter ihnen, hinter mir ein zweites Ehepaar, meine Mitpaten. Man kann so eine Szene nicht vergessen. Die Standesbeamtin spricht, als hätte sie nicht erst vor zehn Minuten gesprochen, zum selben Anlaß, vielleicht dieselben Worte. Ihr Ernst wirbelt mich. Wenn man Worte machen will für Gefühle, könnte man sagen, meine Gefühle sagten laut und deutlich: Du wirst für immer an Kunerma gebunden bleiben, wie an das Dorf, wo du in die Schule gegangen bist, mit angenehmeren Gefühlen, mit Stolz statt mit Demütigung. Wenn die Zusammenstellung von Baracken, Holzhäusern und Wohnwagen im Wald eine Großstadt ist, werden da Menschen leben, die werden sagen, der und der hat ein Buch über uns geschrieben, als es unsere Stadt noch nicht gab; unser Bürgermeister ist ein Patenkind von ihm. Im Trolley wird jemand sagen – nicht sehr alt, dreißig –, du, mein Schwager hat Post gekriegt aus der Bundesrepublik – was glaubst du, von wem? Von dem? Von wem denn sonst! Alle waren wir ergriffen.

Die Standesbeamtin war jetzt keine Standesbeamtin, sie war Komplizin. Sie schrieb einen neuen Eintrag, mein Name wurde buchstabiert, meine »Personalien« »festgehalten«. Dort stehe ich jetzt in kiryllischen Buchstaben, Jahrhunderte. Ich bekam ein Dokument von ihr zum Mitnehmen. Jetzt habe ich ein Kind in der Taiga. »Was macht unser Kind?« frage ich seither Sascha, den Vater. Er ist in meiner Brigade. Das weiß ich noch nicht.

VIII

27. August.

Beim gestrigen Abendessen Gespräch mit Tanja. Ich bin aufs äußerste gereizt und verbittert. Ich kann kaum sprechen, ohne daß meine Stimme zittert. Die Aufregung macht mich frösteln. So wie ich mich fühle, muß mein Gesicht weiß sein. Jurij fragt, wie üblich: Was trinken wir? Ich sage zu Tanja, ich werde einige unangenehme Dinge sagen, ich brauche einen Wodka.

Nach dem Wodka sage ich: Ich bitte dich, einige Dinge zu übersetzen, die dich betreffen. Du kannst dich weigern. Ich werde dann KMO in Moskau anrufen und darum bitten, daß sie dich nach Hause schicken.

Sie übersetzt das.

Dann beklage ich mich darüber, daß sie mich dauernd zwingt, mich mit ihr zu beschäftigen, daß kein Gespräch zwischen Jurij und mir mehr stattfindet, weil sie entweder zu faul ist, zu übersetzen, oder weil sie fortwährend von ihren eigenen winzigen Problemen redet. Und deine Probleme, sage ich, sind von der Art, die mir nicht weiterhilft bei meiner Arbeit. Die Situation ist für mich unerträglich. Das »unerträglich« wiederhole ich zweimal, mit deutlicher Aussprache und mit Bewegungen beider Arme, so daß auch Jurij versteht, daß sein Gast wütend ist.

Die Szene macht ihn verlegen, er kann nichts ändern. Eine andere Dolmetscherin müßte aus

Moskau eingeflogen werden. Das kann er nicht anbieten. Er wiederholt, was mir schon Wolodja gesagt hat. Wolodja will versuchen, in Irkutsk eine andere Dolmetscherin für mich zu finden. Irkutsk ist tausend Kilometer von Ust-Kut, Ust-Kut nochmal zwölf Stunden Autofahrt auf dem Waschbrett bis Kunerma.

Tanja übersetzt das und sagt, das wäre auch ihr die liebste Lösung. Ich habe wenig Hoffnung, daß Tanja abgelöst wird. Insgeheim bereite ich mich darauf vor, meine Ansprüche zurückzuschrauben und mich mit einem gelegentlichen Wutausbruch zufriedenzugeben.

Ich schone Tanja nicht. Ich sage ihr: Von mir aus kannst du machen, was du willst, du kannst spazierengehen, ich brauche dich nicht. Es ist sogar schlechter für mich, wenn du in meiner Nähe bist, dann muß ich mich auch noch mit dir beschäftigen statt mit meiner Arbeit. Sie übersetzt das, wie mir scheint, ich kann es nicht beurteilen.

Als ich das Gefühl habe, jetzt fehlt nichts mehr, sie hat alles abgekriegt, nehme ich das Glas und spreche einen kurzen Toast darauf, daß sich die Katastrophe noch zum Guten entwickeln möge. Damit möchte ich Jurij aus der Verlegenheit helfen. Er bittet mich über Tanja, KMO nicht anzurufen, Tanja nicht nach Hause zu schicken. Er möchte mich nicht hindern, zu tun, was ich für richtig halte.

Mein Gesicht ist heiß geworden. Ein Rausch hat uns alle befallen. Eine solche Orgie an Wut verändert die Physiologie auch derer, die selbst nicht wütend sind. Tanjas Gesicht hat sich verändert. Es ist aufgebrochen aus seiner Alltäglichkeit, mit dem ordinären Maul, zu einer Schönheit, die es vorher nie gezeigt hat. »Alles, was du sagst, ist wahr«, sagt sie. »Und wenn ich morgen von hier wegfahren sollte, dann bin ich dir schon dankbar für das, was ich von dir gelernt habe. Es ist wahr, ich muß besser auf mich aufpassen, ich rede zu viel und bin nicht konzentriert. Ich bin auch als Dolmetscherin zu schlecht, ich bin keine Berufsdolmetscherin. Ich muß noch viel Deutsch lernen.« Zum ersten Mal kann ich mir vorstellen, daß man dieses Mädchen auch lieben könnte.

Ich möchte lachen vor Freude. Ich stemme meine Mundwinkel gegen den Zug nach oben. Ich sage nichts. Ich stütze den Kopf in die Hand und öffne die Augen zu Löchern, in denen alles untergeht.

IX

Trüber Nachmittag. Ich sitze in meinem Zimmer, mache Notizen. Von meinem Platz beobachte ich die Speisehalle. Langgestrecktes Holzgebäude, blauweiß gestrichen. Nach demselben Grundriß sind alle Speisehallen am Westabschnitt der Bahnstrecke gebaut; ein großer, langer Saal, Wirtschaftsräume, Vorratskammern, Toiletten, Umkleidezimmer für – hier würde man sagen »das Küchenpersonal«, dort heißt es »Brigade«, und ein Gästezimmer. Das Gästezimmer wird durch einen Seiteneingang betreten. Der Seiteneingang ist auch der Hintereingang, wenn einer von uns mit einer Köchin flirtet. Im Gästezimmer steht der Schreibtisch des Direktors – in Kunerma eine Frau. Wir essen fast immer im Gästezimmer. Ich halte das nicht für richtig. Es gibt verschiedene Gründe, warum ich nichts dagegen unternehme – bis auf Ausnahmen, wo ich allein in die Speisehalle gehe. Ich erkenne unser Essen auf den Tellern der anderen wieder, die durch den Vordereingang kommen. Wir genießen einen Vorzug, wir können Wodka kriegen. In der Speisehalle wird nichts ausgeschenkt. Der Vorteil verführt mich, die Dinge laufen zu lassen, wie Jurij sie offenbar am liebsten laufen läßt. Er trinkt gerne, ich auch, Andrej auch, Tanja nicht. Dann gibt es einige kleinere Komplikationen. Wenn ich in der Halle esse, geht Jurij anschließend zur Kasse, läßt sich das Geld zurückgeben, das ich gezahlt habe, und bringt es mir. Man könnte allen Frauen, die an der Kasse sitzen – die Küchenbrigade besteht nur aus Frauen –, sagen, daß ich Gast bin von KMO (Komitee der Jugendorganisationen der UdSSR, ein Dachverband der Jugendorganisationen) und daß mein Essen vom »Schtab« in Ust-Kut bezahlt wird. Das gefällt mir auch nicht, ich würde in der Reihe dauernd Aufsehen erregen, weil ich nicht zahle. Die Furcht davor habe ich noch nicht unter Kontrolle. Zahlen geht nicht, dann würden sie mir das Geld geben. Das ist mir zuviel Theater. Ich hätte es auf mich nehmen sollen, finde ich. Ich glaube nicht, daß es einen großen Unterschied gemacht hätte. Auf russisch heißt die Kantine »stolowaja«, von »stol«, Stuhl. Ein Platz voller Stühle, eine Stühlerei.

Jurij verabschiedet sich für eine Weile. Er muß etwas »regeln« im Verwaltungsgebäude der Siedlung. Er sagt nicht, worum es geht. Ich schaue ihm nach aus meinem Fenster. Er scheint sich verspätet zu haben, und er scheint sich bei einem wichtigen Menschen verspätet zu haben. So schnell habe ich ihn noch nie gehen sehen. Er ist meinetwegen in Kunerma, das hängt alles mit mir zusammen, was er macht; man müßte annehmen, daß er auch meinetwegen jetzt so schnell geht. Er eilt um die Pfützen und um die tieferen Schlammschichten, ich kenne jedes Hindernis, ich weiß, jetzt wird er sich nach links drehen, jetzt wird er ein paar Schritte zurückgehen und einen anderen Weg nehmen, er hat die richtige Stelle verpaßt, da kommt er in eine Schlammsackgasse, zu einer Wasserlache, deren Tiefe wir noch nicht getestet haben. Seine Vorsicht ist überflüssig, er trägt

Gummistiefel. Jurij scheut Risiken. Er trägt seinen Anzug. Ein paar alte Hosen und einen Pulli – das erträgt er nicht; er braucht einen Anzug für den inneren Halt mit Hemd und Krawatte, auch zu den Gummistiefeln. Deswegen paßt er schlecht in die Kantine, sie steht ihm nicht.

Er sieht schlecht, er scheint einen Sehfehler zu haben, den man mit der Brille nicht korrigieren kann – wenn es so etwas gibt; ich muß mich da auf Tanja verlassen, bei technischen Gesprächen übersetzt sie nicht viel mehr als die Personalpronomen, die Hilfsverben und die Verbindungswörter. Jurij bemerkt nicht, daß die Flecken auf dem Revers seiner Jacke sich während unseres Aufenthaltes in der Taiga vermehren.

Er ist mein Gastgeber, es ist ausgeschlossen, daß ich mir selbst einschenke, ich müßte gegen Jahrhunderte ukrainischer Kulturgeschichte ankämpfen. Jurij schüttet öfter daneben, jedesmal auf dieselbe Weise, er zielt auf den Glasrand. »Sag ihm, daß er seine Augen untersuchen lassen muß.« Tanja bittet mich, nicht darauf zu bestehen, daß sie das übersetzt. Es könnte ihn verletzen. Eine Lache ab und zu auf dem Tisch – ich lerne es hinzunehmen. So schützt er sich durch Nichtwahrnehmung, denke ich. Später sehe ich das etwas anders. Da er nicht perspektivisch sehen kann, ist er vielleicht auf einem Auge blind.

Das Gespräch im Verwaltungsgebäude scheint sich hinzuziehen. Ich beobachte weiter die Speisehalle. »Hildegard Knef« war schon zweimal an der Müllverbrennungstonne. Die Frauen in der Küche arbeiten mit weißer Überkleidung und einem hohen weißen Hut, der ähnlich geschnitten ist wie die

Kopfbedeckung Nofretetes. Sie treten aus dem Seiteneingang, mit Abfällen bepackt. Dann rennen die sibirischen Laikas los, drei, vier, manchmal fünf, schwarzweiß meist. Die Köchin wirft den Abfall in die Tonne, dann stehen drei Hunde oben und wühlen, wenn es in der Tonne nicht gerade brennt oder qualmt. Die Hundegruppe vor der »stolowaja« ist eine Weile beschäftigt. Die rothaarige »Hildegard Knef« aus Alma Ata verschwindet wieder durch die Seitentür.

Es wird dunkel, bis Jurij zurückkommt. Er setzt sich an den Tisch und läßt uns lange warten, bevor er spricht. Er schaut auf die Tischplatte wie einer, der sich mit der Lösung eines berühmten ungelösten mathematischen Problems herumschlägt. Er eröffnet mir, daß ich nicht arbeiten darf.

»Das ist ja sehr interessant, daß ich das in der Taiga erfahre, in Ostsibirien!«

Jurij hat im Augenblick für Ironie kein Verständnis. Vielleicht hat er einen Fehler gemacht. Vielleicht hat er es versäumt, diese Frage früher zu klären, vielleicht hat er nicht gewußt, daß jemand einverstanden sein muß, außer der Brigade, oder er hat nicht daran gedacht. Vielleicht hat ihm erst einer am Vormittag in der Brigade den Tip gegeben, zu fragen. Da könnte ja jeder kommen und sagen: Ich arbeite jetzt bei euch.

Ich will das alles nicht wissen. Das Gespräch würde zum Verhör werden, wenn ich insistierte, Jurij zu verstehen. Wenn er Fehler gemacht hat, wird er sich hinter gewichtigen Unverständlichkeiten verstecken, die durch Tanjas Vermittlung zur Rätselsprache würden. Er hätte mir diese Entscheidung sicher gerne erspart, sicher hat er lange mit dem unbekannten Kompetenten diskutiert, um eine andere Entscheidung zu erreichen, schon um sein eigenes Gesicht zu wahren.

Ich fühle mich manchmal herumgeschoben. Ich verstehe kaum Russisch, und meine Betreuer verstecken alle Probleme, die sich durch meinen Aufenthalt für sie ergeben. Ich komme allmählich dahinter, was das bedeutet. Während meiner ersten Reise ärgerte ich mich über Dimitrij, den Dolmetscher, weil er mich einige Male hatte warten lassen. Später merkte ich, daß er telefonieren ging, um Flugtickets zu bestellen, Hotelzimmer reservieren zu lassen oder mit einer Autorität ein Gespräch zu arrangieren, um das ich gebeten hatte. Ich nannte das Geheimniskrämerei, ging der Sache nicht nach. Ich ärgerte mich. Ich dachte, der ist beim Geheimdienst, das ist seine Berufskrankheit. Ich wunderte mich, daß er »Guten Morgen« sagte, ohne hinzuzufügen: »Aber bitte, behalte es für dich!« Ich habe sein Verhalten erst nach meiner Sibirienzeit verstanden. Ich hatte in Moskau einen Tag oder zwei vor meiner Rückreise nach München eine Moskauer Freundin in mein Hotel zum Essen eingeladen. Ich habe nie ein Essen bezahlt, ich war Gast, immer und überall, ich war der totale Gast. Meine Freundin fragte die Kellnerin, die mich kannte und wußte, daß ich von KMO eingeladen war, ob ich ihr Essen bezahlen könne. Das ging einerseits nicht, anderseits ging es auch nicht anders. Die beiden diskutierten lange Zeit; meine Freundin bat mich, währenddessen im Flur vor dem Restaurant zu warten. Und dann kam der Schlüsselsatz. Die Freundin übersetzte ihn gegen den Willen der Kellnerin: »Der Gast hat nichts zu bemerken.« Die Kellnerin schien auf meine Freundin wütend zu sein, ich weiß nicht, warum. Wahrscheinlich, weil sie sich von mir hatte einladen lassen und damit eine organisatorische Schwachstelle in meiner Gasttotalität offenbart hatte. Schließlich unterschrieb die Freundin, wo sonst Andrej unterschrieben hatte. Jetzt verstand ich, warum Jurij nach dem Essen in der »stolowaja« meist zurückblieb. Solche Haltung lernen Menschen nicht in einem Leben. Wir kennen diese Gastfreundschaft nicht mehr, sie ist aus uns herausgeglüht worden durch die Konkurrenz – auch nicht in einem Leben; durch dieselbe Konkurrenz, die unsere Herstellungsmethoden verfeinert hat.

Wenn den Gastgebern eine Panne unterläuft, treffen sie bei vertrauten Gästen auf Verständnis und Geduld, sie werden von den Gästen nicht gezwungen, die Panne einzugestehen. Gäste aus dem westlichen Ausland reagieren wie ein erschrockenes Kalb in einer Wanne voller Eier. Sie verlangen, daß die Gastgeber ihren Fehler wenigstens zugeben, »wenn schon sonst nichts klappt«, sie verlangen Unterwerfung. Das ist, als verlangten sie von ihren Gastgebern ungefähr folgenden Text: »Wir haben uns schlecht auf dich vorbereitet. Du warst uns eine bessere Vorbereitung nicht wert. Wir verabscheuen dich.« Die Panne war ein Unglück, das die Gastgeber unglücklich macht, sie war kein Fehler. Da wir nichts dabei finden, solche Pannen einzugestehen, empfinden wir die Bemühungen sowjetischer Gastgeber, Gastgeberprobleme vor uns zu verstecken, als Täuschung. Die Absicht, zu täuschen, können wir leichter nachvollziehen, wir finden sie auch nicht schlimm, wenn sie eingestanden wird, wir sind durch kommerzielle Versprechen aller Art trainiert. Hier sagt man: »Laß deine Augen untersuchen.« Dort heißt es: »Du bist kein richtiger Gastgeber.« Da stehen sich zwei Zeitalter begriffsstutzig gegenüber.

»Gut«, sage ich, »ich darf nicht arbeiten. Dann fahre ich wieder nach München.« Ich weiß von Jurij, daß es ihm schwerfällt, morgens aufzustehen. Aus Wut habe ich den Verdacht, er wolle nicht, daß ich mit der Brigade fahre; es bedeutet, daß er um halb sieben aufstehen muß, das möchte er verhindern.

Er begründet die Ablehnung mit der Gefahr eines Arbeitsunfalls. »Du hast keine Erfahrung in dieser Arbeit, deshalb sind die Gefahren größer als bei trainierten Arbeitern.« Ich lache ihn aus. »Das ist Berufsverbot.« – »Du kannst der Brigade während der Arbeit zuschauen, du kannst fotografieren,wann und sooft du willst, du kannst dich mit den Mitgliedern der Brigade unterhalten. Aber du darfst nicht mit der Brigade arbeiten.«

»Also gehen wir morgen früh fotografieren!«

X

Ich habe einen Beruf, in dem ich keine Angst leiden muß vor frühem Aufstehen. Das ist eine der ältesten und stärksten meiner zahlreichen Ängste. Sie hat mir geholfen, meine Schreibversuche so lange zu betreiben, bis ich damit Geld verdienen konnte. Ich wollte unter allen Umständen verhindern, daß Geldverdienen und frühes Aufstehen etwas miteinander zu tun bekommen. Ich wachte ohne Wecker um halb sieben Uhr auf. Die Augen öffneten sich und blieben offen.

Ich schlich mich durch Tanjas Zimmer über den Flur ins Bad. Vom Flur aus sah ich, Jurij schlief auch noch. An meiner Genugtuung merkte ich, mir bleiben noch einige alberne Freuden abzugewöhnen. Ich duschte mich erst kalt, dann ganz kalt. Der Unterschied in den Kältegraden rührte vom Badeofen. Einer von uns heizte ihn abends an. Man braucht kein Brennmaterial zu kaufen oder zu bestellen, man geht vor die Tür, zwischen den Baracken liegen genug Holzreste zum Anheizen, die beim Bau der Unterkünfte abgefallen waren, einige Meter weiter auch noch zum Nachlegen. Durch das Baden verschwindet das Holz allmählich von der Straße.

Ich hatte mich am Abend sorgfältig fürs Aufstehen vorbereitet: kein Alkohol, ab neun vermied ich jedes aufregende Gespräch, früh ins Bett. Trotzdem wunderte ich mich über mich, über meine neue Stärke, über meine Leichtigkeit. Halb sieben, das habe ich seit Jahren nicht mehr mitgemacht. Es ging mir gut, trotz Bronchitis, Halsschmerzen und leichteren Kopfschmerzen.

Als ich aus dem Bad in mein Zimmer ging, war Tanja auf. Ich zog meine Arbeitskleidung an, blaue Hose, blaue Jacke, neu. Wir hatten sie zwei Tage vorher in der kommunalen Kleiderkammer besorgt. Dort standen hohe Regale, darin waren mir aufgefallen umfangreiche Wattewinterjacken, Winterstiefel, bis unter die Decke. Keine vier Wochen, und es ist Winter. Ich ließ Jurij und Tanja zurück. Im Vorraum an der Haustür zog ich meine Gummistiefel an. Der Vorraum ist der Aufenthaltsraum der Schuhe. In allen Häusern in allen Siedlungen liegen hinter dem Haupteingang Schuhehaufen. Zwei Tage später besuchte uns Leonid Frolow, Mitglied des Zentralkomitees des Komsomol, er war auf einer Tour entlang der BAM bis zum Pazifik; er ging in Socken durch die Räume des Gästehauses. Ich bot ihm meine Sandalen und wollte statt seiner in Socken gehn, das machte er nicht. Sockengäste sieht man häufiger. APN-Sascha ist ein Sockengast.

Valentina findet nicht gleich den Schlüssel zum Nebenzimmer. Ich sage, das macht nichts, und gehe in die Kantine. Bis ich bedient werde, das dauert mir viel zu lang. Ich möchte Zeit haben für den Tee, ein bißchen Komfort brauche ich noch, mich daran festzuhalten. Ich habe einmal eine Stelle gelesen in einem Roman, da war von einem Ast die Rede, in dem Brett, auf dem einer saß, der zum Galgen fuhr. Die Unebenheit störte ihn, er rutschte zur Seite.

Der Letzte in der Selbstbedienungsreihe ist

Sascha, der Vater meines neuen Kindes. Das vergrößert meinen Komfort, ich fühle mich ein bißchen ausgesetzt unter den vielen Fremden in der Halle, wenn ich allein bin. Sascha hilft mir beim Bestellen. Lange vor meinem triumphalen Aufstehen ist in der »stolowaja« Arbeit getan worden. Ich finde in meinen Notizen die Aufzählung: Gulasch, Rindfleisch, gekochter Reis, Krautsalat, gekochte Eier, ein süßer weißer Brei, ähnlich wie Griesbrei, mit zerlassener Butter, Brot, Kuchen, Kompott, Obstsaft und Tee. Man nimmt ein Tablett, man sagt, worauf man Appetit hat, eine Köchin reicht einem die Gänge auf entsprechenden Tellern. Ich nehme Gulasch, Krautsalat, Obstsaft, Tee und Kuchen. Am Ende der Reihe steht eine junge Frau und kassiert, wie bei uns in der Autobahn-Raststätte. Die Beträge, die sie nimmt, schwanken zwischen zwanzig und siebzig Kopeken. Als ich an den Tisch komme, ist es zehn nach sieben. Um halb acht müssen wir beim Auto sein. Der Weg dorthin: drei Minuten.

Fast alle Tische sind besetzt. Fünf Minuten vor unserem Aufbruch kommen Tanja und Jurij. Ich trinke meinen Tee und beobachte sie, wie sie die Bissen aus ihrer Hand schnappen, wie sie den Tee zu sich schütten. Eine Stimme in mir sagt: So möchte ich nicht leben. Eine andere beschimpft mich als Spießer. Eine dritte: Sei nicht so romantisch, man ist kein Spießer, wenn man nicht gerne zu schnell ißt.

Tanja sagt mir auf dem Weg zum Wagen, Jurij habe noch in der Nacht in Ust-Kut oder in Irkutsk und in Moskau angerufen und versucht, eine andere Dolmetscherin zu finden. Das, meinte sie, wäre ihr sehr recht. Ich erwidere, jawohl, mir wäre das auch sehr recht. Sie meinte es aber nicht renitent, sondern sachlich.

Während wir uns dem Abfahrtsplatz nähern, betrachte ich die Gesichter der Arbeiter, auf die wir zugehen. Ich untersuche sie auf Spuren der Abneigung gegen mich, des Spotts, des Erstaunens. Es sind vierzig, fünfzig Leute, die herumstehen, teilweise an eine Hauswand gelehnt auf ihren Absätzen hocken. Sie tragen Arbeitskleidung, blaue oder grüne, viele mit einem »BAM«-Wappen am Ärmel. Sie sind zwischen neunzehn und fünfunddreißig. Die Gesichter sind in Ordnung, es gibt keine Spuren, die mich beunruhigen. Die Art, wie sie sich nicht um mich kümmern, imponiert mir. Den einen oder anderen erwische ich beim Hintermirherschauen, aber nur aus den Augenwinkeln, wenn ich den Kopf etwas wende. Die Erfahrung machte ich in der Kantine auch.

Es stehen vier Lastwagen von der westdeutschen Marke »Magirus« am Abfahrtsplatz, hellorangefarbene Riesenlaster. Es ist der Wagen, von dem die Sowjets zehntausend Exemplare gekauft haben, für die Arbeiten an der Bahn, eine Spezialherstellung für den sibirischen Winter. Jurij sagt, so ein Wagen kostet 42 000 Goldrubel. Ich weiß nicht, wieviel das ist, unter 150 000 Mark dürfte er nicht zu haben sein. Die Sowjets haben für den Transport von Arbeitern an der BAM einen geschlossenen Kasten auf die Träger montiert, mit Fenstern und einer Tür, innen gepolsterte Sitzbänke an den Längsseiten und an der Vorderseite, eine in der Mitte.

Was den Sitzkomfort betrifft, gibt es im Wagen

keine Unterschiede, während er steht, auch nicht während der Fahrt auf einer neuen Autobahn. Ich wurde beim Einsteigen von den Brigademitgliedern an ihren Knien vorbei nach vorn weitergeleitet bis zur Querbank hinter dem Führerhaus. Dort oder in der Ecke saßen auch die Frauen, drei Frauen. Es war die Stelle, die dem Mittelpunkt zwischen den beiden Hinterachsen und der Vorderachse am nächsten lag. Wenn der Wagen vorn hochspringt oder hinten oder in ein Loch sackt, bekommen es die am stärksten zu spüren, die über den Rädern sitzen. Die Wucht der Schläge nimmt ab bis zum Mittelpunkt, dann wieder zu. Der Mittelpunkt ist die Achse, um die der Wagen tanzt. Wer auf dem Mittelpunkt sitzt, bekommt noch genug Prügel, auch der Mittelpunkt muß springen.

Auch im Wagen verhielten sich die Menschen mir gegenüber, als wäre ich schon Wochen dabei. Sie lachten viel, in ihrem Gelächter gab es wenige längere Pausen. Das meiste von dem, was sie sprachen, blieb unübersetzt. Wenn alle auf eine Bemerkung hin besonders laut gelacht hatten, übersetzte Tanja. Ich sah sie öfter auffordernd an, um ihren Verdacht zu bestätigen, daß ich wissen möchte, was gesprochen wird. In früheren Tagen hatte sie, wenn ich während einer Unterhaltung nach deren Inhalt fragte, geantwortet: Es ist nichts Wichtiges. Von ihrem Standpunkt hatte sie recht. Es hat lange gedauert, bis sie verstand, daß sie nicht wissen konnte, was wichtig ist und was nicht, weil ich es selbst nicht wissen konnte – das stellt sich erst später heraus. Wahrscheinlich hat sie auch dann noch, als sie sich schon verhielt, als hätte sie mich verstanden, insgeheim ihre Überzeugung beibehalten, sie könne Wichtiges und Unwichtiges erkennen.

Einer sagte zu einem anderen: Deine Schnürsenkel sind offen. Der andere reagierte nicht, da sagte der erste es noch einmal. Er sprach zweimal dieselben Wörter, das verstand ich. Tanja übersetzte das nicht, sie hatte ja verstanden und fand es überflüssig, das zu übersetzen. Ich registrierte, daß der Sprecher etwas wichtig nahm. Ich mußte glauben, daß das, was er gesagt hatte, auch für mich wichtig sei. Ich fragte, was hat er gesagt? Tanja hatte das schon kommen sehen, und als ich tatsächlich fragte, wurde sie gereizt. Das provozierte mich; es ist ihr zuviel, wenn ich frage! Bin ich von so weit hergekommen, um den Mund zu halten? Achttausend Kilometer, um der Dolmetscherin zu überlassen, was ich erfahre? Widerwillig teilte sie mir mit, daß der eine gesagt habe, der andere habe seine – nun, wie heißt das, womit man Schuhe zusperrt?

»Schrank? Schuhschränkchen?«

»Was ist das, ›Schuhschränkchen‹?«

»Weißt du, was eine Kiste ist?«

»Kiste?«

»Holz weißt du?«

»Natürlich!« Meine Frage beleidigt sie.

»So natürlich finde ich das nicht. Holz! Ein dünnes Stück unten, ein dünnes Stück an der rechten Seite, eines an der linken, eins vorn und eins hinten, und nochmal ein Stück obendrauf.«

»Schachtel!« schreit sie ungeduldig.

»Wenn eine Schachtel aus Holz ist, heißt sie Kiste.«

»Aber das ist dasselbe, man kann etwas drin legen.«

»Man kann auch etwas in eine Pißrinne legen, es heißt trotzdem nicht Kiste.«

»Was ist eine Piß . . .?«

»Pißrinne.«

»Was ist das, Bißrinne?«

»Eine Toilette für Männer.«

»Ja, aber das ist nicht eckig wie eine Schachtel.«

»Es gibt auch eckige. Tanja, du arbeitest zu viel, finde ich. Du mußt den ganzen Tag für mich übersetzen, und trotzdem machst du dir noch die Arbeit und gibst mir Unterricht in der deutschen Sprache. Es wird noch eine Weile dauern, bis ich zu deiner Zufriedenheit spreche. Bis dahin sage ich ›Schachtel‹, wenn das Ding aus Pappe ist.«

Sie holt einen abgegriffenen westdeutschen Manager-Kalender von 1972 aus Leder aus ihrer Handtasche, notiert »Kiste«.

»Du hast gesagt ›Pappe‹. Das ist, aus was die Schachtel gemacht wird, dasselbe wie Papier, nur mehr dick?«

»Ja. Und wenn das Ding aus Holz ist, heißt es Kiste. Eine Kiste mit Türen und innen mit schmalen, dünnen Teilen aus Holz, auf die man die Schuhe stellt – das ist ein Schuhschränkchen.«

»Warum sagst du das jetzt?«

»Du hast mich vorhin gefragt, wie das heißt, womit man Schuhe zusperrt. Ich dachte, du meinst vielleicht, worin man Schuhe einschließt.«

»Worin man Schuhe einschließt?«

»Ja, wo man Schuhe hineinstellt, wenn man sie nicht braucht.«

»Ach, was denkst du nur!« schreit sie verächtlich. Sie sieht so aus, als hätte sie gerne gesagt, also diese Deutschen, das sind komische Leute. Wie soll man mit einem Schuhschrank Schuhe schnüren!

»Neineineineinein! Der Schuh, der Schuh! Mit was macht man, daß er geschlossen ist, nicht die Schachtel, Kiste! Mein Gott!«

»Du meinst ›Schnürsenkel‹.«

»Wiewiewie?«

»Schnürsenkel.«

»Schnü . . . Sag nochmal!«

»Schnürsenkel.«

Sie spricht es vorsichtig nach, wiederholt mehrere Male, kostet die Laute. Sie hat hohe Ansprüche, es wird sich gleich herausstellen, ob das auch vom Allerbesten ist, was ich ihr anbiete. Ihr Urteil ist für das deutsche Wort kein Ruhmesblatt. »Schnürsenkel, mein Gott, wie komisch! Das erinnert mich an Enkel, ein Enkel einer Familie, die ›Schnürs‹ heißt. Ihr bindet mit euren Enkeln eure Schuhe zu.« Sie lacht mit weitausholendem Mund, er ist nicht nur aufgerissen, er ist auch breit, und er verzieht sich ein wenig aus der West-Ost-Richtung in die Südwest-Nordost-Richtung. Sie klatscht sich auf einen Schenkel, ihr Körper hüpft, ihre Brüste hüpfen einen etwas längeren Weg, der Bauch hüpft in die Waagrechte. Laut schallt es aus ihrem Mund, während sie den Kopf hin- und herdreht, um sich zu vergewissern, daß die Runde sie bewundert. Ihr Blick sagt: Jetzt schaut euch das mal an! Was sagt ihr dazu? Ist das nicht ein tolles Ding? Und ich habe das entdeckt! »Hahaha.«

»Warum hat er die Schuhe nicht zugemacht?«

»Ich weiß das nicht.«

»Frage ihn.«

»Ich soll ihn fragen, warum seine Schuhe offen sind?«

»Ja.«

»Das weiß ich. Da braucht man nicht zu fragen.«

»Warum?«

»Er hat es vergessen. Das ist einfach.«

»Frage ihn.«

Sie fragt mit einem Gesicht, das den Befragten um Entschuldigung bittet, mit einem schnellen Blick zu mir herüber, wie ein Finger, der zeigt.

Die Frage macht den Mann verlegen. Er hat sich mit seiner Frau gestritten und ist zu spät aus dem Haus gekommen.

»Warum haben sie sich gestritten?«

Über das Abendessen haben sie sich gestritten.

»Worum ging es da? Was war der Streitpunkt?«

Die Frau wollte Pelmeni, er wollte keine Pelmeni, er wollte Kartoffeln. Es gibt keine Kartoffeln, aber er wollte Kartoffeln.

»Warum wollte er Kartoffeln, wenn es keine gibt?«

Es sei falsch gewesen, auf Kartoffeln zu bestehen, sagt er, er war verrückt. Es war nicht in Ordnung.

»Warum gibt es keine Kartoffeln?«

Der Zug mit den Kartoffeln konnte nicht kommen. Eine Brücke ist beschädigt. Morgen gibt es Kartoffeln, sie kommen mit Lastwagen.

»Was ist mit der Brücke?«

Es gibt keine Erfahrungen, wie sich der Dauerfrostboden unter einer solchen Trasse verhält. So weit er verstanden hat, ist der Frost im Boden unter der Last des Bahndamms, dort, wo die

Brücke aufliegt, weiter zurückgewichen, als berechnet worden war. Nicht jeder Quadratmeter Boden ist gleich beschaffen, es gibt Dauerfrost bis in eine Tiefe von 300 Metern, an anderen Stellen kommt der Fels bis nahe an die Oberfläche. Er erwähnt, daß eine Kommission kanadischer Fachleute gerade an der BAM ist, sie studieren genau das Problem. Es gibt ein Abkommen zwischen der UdSSR und Kanada, die Erfahrungen im Eisenbahnbau miteinander auszutauschen, die in solchen Gebieten gemacht werden. Kanada möchte auch eine Bahn weiter oben im Norden bauen.

Ich verbarg meinen Triumph darüber, daß ich recht gehabt hatte, die Schnürsenkelfrage zu stellen. Wenn man mit seinen Siegen andere erziehen will, muß man in dem Moment, in dem die Niederlage des anderen völlig klar ist, bescheiden sein, das macht dem Gegner die Niederlage noch bitterer. Deine Zurückhaltung läßt ihm seine Albernheit riesengroß erscheinen. Das ist deine – und seine – Chance, daß er sich besinnt. Dein Verzicht auf schnelle Genugtuung ist die »ursprüngliche Akkumulation«, die seine Produktion von Erkenntnissen in Gang setzt. Wenn ein Sieger mit seinem Sieg prahlt, kann der Geschlagene sich trösten, daß die Niederlage durch einen solchen Gegner keine Bedeutung für ihn hat. Weil sie keine Bedeutung hat, braucht er keine Konsequenzen daraus zu ziehen. Der alberne Sieger fügt kleineres Leid zu, aber der Geschlagene erleidet es ohne Nutzen.

Die Sprünge des Personenlastwagens. Die Rollbahn ist so beschaffen, daß ununterbrochen kleinere Erschütterungen in unserem Kasten ausgelöst werden, und hin und wieder trifft uns ein starker Stoß. Manche Löcher kommen so abrupt, daß uns der Wagen unterm Hintern wegfällt und unsere Körper auf den Sitz zurückstauchen. Die Rüttelläufe hämmern uns in die Sitze, wir sind die Finger eines Jazzklavierspielers, der ein etwas monotones Stakkato spielt. Wenn ich den Menschen zusehe beim Geschütteltwerden, werde ich an das Sprichwort erinnert: »Am Lachen erkennt man den Narren.« Die Art, wie sich die Menschen schütteln lassen, sagt etwas über sie. Manche gewinnen durch die Bewegungen an Charme; die innere Gelassenheit anderer wird deutlicher durch die Art, wie sie sich den unentrinnbaren Stoßserien stellen; da ist der Leidende, dem man ansieht, daß es ihm Mühe macht, zu verbergen, daß er sich ungerecht behandelt fühlt; es gibt den harten ehemaligen Panzerfahrer, dem man ansieht, der Wagen bräche eher auseinander, als daß er sich von seinen Späßen ablenken ließe.

Ich lernte die Brigade auf der ersten Fahrt zur Gleisbaustelle näher kennen. Durch das Schütteln – es dauerte fünfundvierzig Minuten – wurden die Menschen deutlicher. Es erinnert an die Rüttelbewegung beim Sieben: das Wichtige bleibt. Ich fragte mich, wie Hitler während dieser Fahrt ausgesehen hätte. Eine Methode, bei Wählern die Einsicht in gesellschaftliche Zusammenhänge zu fördern, könnte sein, die Personen, die uns von Parteizentren zum Wählen vorgesetzt werden, auf einem Leiterwagen über eine Holperstrecke an uns vorbeifahren zu lassen.

Da war Wasja, ein liebenswerter Kerl. Er hielt

eine Riesenthermosflasche im Arm. Die Brigade nannte ihn das »Kind der Brigade«. Er war zirka fünfundzwanzig, seine Arme und Beine waren zu kurz, er war deshalb sehr klein. Er schwamm unbekümmert im Wohlwollen der Brigade. Er ließ sich von den Bewegungen des Autos werfen, ohne sich wie die anderen darum zu bemühen, den Wurf durch eine Gegenbewegung auszugleichen. Rundes Gesicht, runder Kopf, blaue Augen. Er lispelte. Er sprach die meisten englischen Worte, er war derjenige, der am meisten mit mir direkt sprach. Er wollte mir einmal über einen Kollegen sagen, daß er etwas nicht könne, wovon ich vergessen habe, was es war, er sagte: »He don't can.« Er versorgte mich in der Mittagspause mit Tee aus der großen Thermosflasche. Er arbeitete wie jeder andere aus der Brigade. Er hatte einen kräftigen, trainierten Oberkörper mit einer die Konturen runder machenden Decke aus Fett. Ich erkannte ihn als den Arbeiter wieder, der mich aufgefordert hatte, das Gleis zu heben.

Die Mitglieder der Brigade, vor allem die Frauen, spielten mit ihm. Er forderte sie unwiderstehlich dazu heraus. Das hatte nichts Herabsetzendes, jeder kam auf seine Kosten. Sein kurzgeschorener Kopf ließ Lida keine Ruhe, einer schwarzhaarigen Ukrainerin, die ich fortwährend anschaute, wenn ich nicht Nina anschaute. Immer wieder faßte sie an seinen Kopf, kraulte und zupfte. Bei günstiger Gelegenheit überraschte er sie und küßte sie auf den Mund. Sie gab ihm eine Ohrfeige, keine besonders feste, machte unter großen Anstrengungen für Sekunden ein ernstes Gesicht und verwarnte ihn. Er hatte ein gutes

Geschäft gemacht. Sie hatte ein bezauberndes Lachen, es klang wie Weinen und Schluchzen.

Wir fuhren sechzehn Kilometer, den letzten Kilometer auf dem Bahndamm, auf der Hälfte, auf der einmal das zweite Gleis liegen wird.

Ich arbeitete. Jeder hatte das erwartet. Ich habe nicht feststellen wollen, ob sie von dem Arbeitsverbot wußten. Ich vermute, daß der Mann, der mir nicht erlaubt hatte, zu arbeiten, es mir nur offiziell nicht erlaubt hatte; so war er abgesichert für den Fall, daß ich schwer verletzt würde. Die Befreiung des Verantwortlichen von der Verantwortung war der einzige offiziell mögliche Weg, mir meinen Willen zu lassen. Damit ich arbeiten konnte, mußte man es mir verbieten.

Die Aufgabe ist, das Gleis geradezurücken, waagrecht und senkrecht. Das Gleis wird von der Gleisverlegerbrigade hingeschmissen, entlang einer vorher vermessenen und markierten Linie. Das Gleis liegt an der richtigen Stelle, aber es wedelt wie ein Kuhschwanz. Die Kurve ist das Ergebnis von Geschwindigkeit, eine Schnecke nimmt keine Kurve wahr, der Autofahrer merkt, daß die Autobahn bei einer Geschwindigkeit von 200 Stundenkilometern Kurven bekommt. Ein Zug, der sich mit 20 km/h bewegt, fährt auf flacheren Schienen als ein Zug, der sich mit 100 km/h bewegt. Flache, langgezogene Unebenheiten schrumpeln zu Hubbeln bei hohem Tempo. Das muß raus aus dem Gleis, so daß die Züge bei achtzig Durchschnitt nicht hin- und hergeschleudert werden und nicht springen.

Wenn die Erdhülle eine Betonschale wäre, wäre der Eisenbahnbau sehr einfach. Man brauchte keinen Bahndamm, keinen Schotter, nicht einmal Schwellen. Der Bahndamm gleicht die Unebenheiten der Erdoberfläche aus und bis zu einem gewissen Grad auch Steigungen und Gefälle. An manchen Stellen ist der Damm in der Taiga 25 Meter hoch, an anderen einen Meter. Der größte Feind der Ebenheit ist das Wasser. Es spült die feineren Materialien aus dem Damm, dadurch sackt das übrige ab, es entstehen dauernd neue Unebenheiten. Beim Bau der BAM kommen noch die Bewegungen des gefrorenen Bodens und die Erdbeben hinzu. Der Gedanke, einen Damm aus Beton zu errichten, ist zunächst bestechend. Das Wasser könnte ihm nichts anhaben. Abgesehen davon, daß es weit mehr Arbeit kostet, die Betonmassen für einen Bahndamm herzustellen und aufzuschütten, das heißt »teurer« wäre als ein Damm aus Erdreich und Kies, es gäbe noch keine Ruhe unter den Schienen. Die Erde unterhalb des Betons würde unter den Erschütterungen der rollenden Züge weiterarbeiten, das Wasser würde das Erdreich an der Dammbasis ausschwemmen; mit den Vibrationen würde der Betondamm die Erde darunter festklopfen, der Damm würde zur Brücke, würde noch mehr schwingen unter den Zügen.

Die Unruhe unter einem Gleis hört niemals auf. Die Bewegungen in der Gleisebene müssen immer nachreguliert werden, damit die Züge ihre Geschwindigkeit beibehalten können. Das geht am besten mit Schotter. Schotter ist ein Instrument zur Feineinstellung der Gleisebene; er hält die Gleise auf der Erde fest – die Brigade sprach immer von Ballast. Wir machten die erste Einstellung.

Sascha, der Vater unseres Kindes, half mir, mich in die Arbeit einzuordnen. Er stellte mich an eine bestimmte Stelle des Gleises, stellte ein »domkraft« vor mich hin, schob den Fuß des hydraulischen Hebers unter die Schiene zwischen zwei Schwellen. Der Heber mußte so tief stehen, daß der Greifer von unten die Schiene fassen konnte.

Oft war so viel Schotter zwischen den Schwellen, daß der Greifer zu hoch saß, wenn man das »domkraft« zwischen die Schwellen stellte. Man mußte Schotter wegräumen. Der Heber stand auf einer Stahlplatte. Sascha packte den Heber oben und unten und kratzte den Schotter mit der Stahlplatte heraus. Arme und Hände hatten das Gefühl, als kratzte man den Schotter mit einem Schraubstock aus der Enge zwischen den Schwellen. Der Heber wog 25 Kilo. »Domkraft« nebendranstellen, Schaufel holen und den Schotter herausschaufeln – das war unmöglich, das hätte die Brigade zu lange aufgehalten.

Als das Gerät richtig stand, machte ich die schnellen, auf dem Kopf stehenden Pendelbewegungen mit der Stange, die Schiene und Schwellen aus dem Schotter trieben. Nach weniger als einer Minute sagte jemand zu mir: »Genug.« Das Gleis hing und schwang wie eine Strickleiter. Die Brigade wanderte nach links. Rechts von mir hatte einer mit einem »domkraft« das Gleis gehoben, links von mir pumpte einer. Der rechte Mann zerrte seinen Heber unter der Schiene hervor und lief im Geherschritt nach links weiter, ich schätze fünfzig Meter, an meinen zwei linken Nachbarn vorbei. Dort brachte er den Heber wieder unter die

Schiene und pumpte sie aus dem Schotter. An jeder Schiene arbeiteten vier Gleisheber.

Acht Brigademitglieder stießen mit einer Art Spaten aus Holz, dessen Schneiden gegen die Steine durch eine Blechhülle geschützt waren, den Schotter unter die Schwellen in die freigehobenen Räume. Zwei Frauen machten die »leichtere Arbeit«, sie schaufelten die Schotterreste von den Schwellenoberflächen in die Schwellenzwischenräume. Wenn die Stopfer die Schwelle erreicht hatten, an der mein »domkraft« stand, mußte ich raus und weiter. Der Brigadier rief: »Nogy!« – »Füße!«, was der Rest des Satzes war: »Paßt auf eure Füße auf, das Gleis senkt sich!« Ich drückte mit einem Finger auf ein Ventil, das Gleis setzte sich auf den Schotter, den die Stopfer unter die Schwellen gestoßen hatten. Die Kollegen machten mich darauf aufmerksam, meinen Fuß unter der Schwelle wegzunehmen. So ein Heber hob sieben Tonnen, das sind je nach Modell bis zu zehn Personenwagen. Mir war nicht aufgefallen, daß da eine Gefahr war. Ich lehnte mich auf den Heber, bis ich ihn auf seine ursprüngliche Höhe zusammengedrückt hatte, zog ihn heraus, packte ihn und eilte mit den 25 Kilo Stahl fünfzig Meter weiter, vor die anderen Gleisheber.

Jetzt mußte ich dieses Ding wieder unter die Schiene kriegen. Ich machte es wie Sascha, kratzte mit der Fußplatte Schotter heraus. Eine ähnliche Erfahrung macht man vermutlich, wenn man sich eine halbvolle Gießkanne auf die Füllfeder montiert und dann zu schreiben versucht. Ich konnte mit dem 25-Kilo-Kratzer nicht lange kratzen. Ich wühlte mit den Händen – wir trugen Arbeitshandschuhe – den Schotter heraus, so schnell, wie es mir möglich war. Ich brachte den Heber noch rechtzeitig unter die Schiene und pumpte. Das Pumpen war eine Erholung. Dann gab es ein Verschnaufen, eine Minute vielleicht. Während dieser Minute machte ich manchmal einige Aufnahmen. Ich trug meinen Fotokoffer immer mit. Dann legte ich wieder das Gewicht meines Oberkörpers auf den Heber, um ihn ganz klein zu kriegen, zog ihn unter der Schiene hervor und rannte mit ihm los. Ich mußte ihn beim Rennen seitlich von mir weghalten, was beonders anstrengend war, weil er Griffe hatte, an denen man ihn packte, um ihn unter der Schiene hervorzuziehen oder ihn unter die Schiene hineinzuquälen. Auf der Seite, wo er keine Griffe hatte, ragte der Greifer heraus. Die herausragenden Stahlteile stießen gegen die Außenseiten meiner Knie, wenn ich den Heber beim Rennen nicht weit genug von mir abhielt.

Wenn ich mich besonders damit abquälte, mit der halbvollen Gießkanne auf der Füllfeder zu schreiben, kam einer meiner Nebenmänner herbeigesprungen und stieß den halben Zentner Eisen in den Schotter. Die Brigade zog, nach meinem Dafürhalten, mit grandiosem Tempo auf der Bühne durch die Taiga dahin. Tanja saß auf dem Schienenroller, mit dem die Brigade beim Weiterziehen ihr Werkzeug und alles, was die einzelnen bei der Arbeit behinderte, mit sich führte.

Nach fünfzig Minuten zerfiel die Arbeitsordnung, verschiedene setzten sich auf die Schienen. Die orangefarbenen »domkrafts« standen verlassen. Jemand rief in deutscher Sprache »Zigarettenpause«. Ich packte die Kamera aus und machte Aufnahmen von meinen neuen Kollegen. Die neunzehnjährige Nina nahm ich besonders oft auf. Sie war spröde wie Schiefer, sie lächelte nicht einmal. So wie die aussieht, wird sie in einigen Jahren einen Haufen Kinder haben.

Unsere drei Frauen sind zurechtgemacht, als gingen sie nicht zu schwerer körperlicher Arbeit, sondern ins Büro. Sie haben blaue oder türkisfarbene Lidschatten, getuschte Wimpern, sie ziehen in den Pausen die Lippen nach, auf der Schiene hockend. Ninas violettbraune Nuance paßte gut zu ihrer neuen Arbeitskleidung.

Wir arbeiteten fünfzig Minuten und pausierten zehn. Von zwölf bis eins machten wir Mittagspause.

Die Moskitos plagten uns. Ich kriegte welche in die Luftröhre, in die Nase, ins Auge. Gegen Mittag verschwanden sie. Eine Hand war immer wieder mit ihnen beschäftigt.

Die Arbeiter fragen mich während der Pause, welche sowjetischen Schriftsteller in der Bundesrepublik bekannt seien, in der F. R. G., es klingt wie »Ferge«. Sie sind auf meine Antwort gespannt. Die Frage bringt mich in Verlegenheit. Ich nenne fünf Namen, dann fällt mir keiner mehr ein. Ich bin auf eine Verurteilung durch sie gefaßt. Sie fragen: Kennst du den? Den? Ich muß fast jedesmal verneinen. Sie nehmen es freundlich zur Kenntnis, ohne Enttäuschung zu zeigen. Wasja ruft einige Male dazwischen: »Let's drink together!« Ich nehme dankbar einen Becher Tee von ihm. Das interessiert mich an der Mittagsmahlzeit am meisten.

Ich hatte mich am Morgen nicht darum gekümmert, was ich zu Mittag essen würde. Später bemerkte ich, Jurij hatte sich in der Küche eine Plastiktüte vollpacken lassen mit Brot, Eiern, gebratenem Fleisch und Gurken. Jeder der Brigade legte, was er hatte, in die Mitte der Rollerplattform. Da lagen noch Kekse, Konservenfleisch, Rettiche, Käse, Wurst, Pilze im Glas. Jeder nahm von allem. Wir saßen auf den Schienen und auf der Plattform.

Der Panzerfahrer packte Lida von hinten, hielt sie fest und forderte mich unter seiner hellvioletten Wollmütze hervor auf, eine Aufnahme von ihnen zu machen. Dabei lachte er, als wäre er selbst ein Panzer, dem nichts widerstehen könne, als sei sein Lachen gedacht, alles niederzuwalzen. Ich sollte Lida halten und mich von Anatol aufnehmen lassen. Ich umarmte sie von hinten, legte meine Hände über ihre Brüste. Ein »Oh« und »Ah« ging durch die Brigade. Da fiel es mir erst auf.

Der Panzerfahrer und Anatol rutschten mit einem Eimer den Damm hinunter, Pilze abholen im Wald. Ich fraß mich mit Preiselbeeren voll, bis mir die Säure in die Zunge stach. Ich lernte dabei, daß Preiselbeeren gerne um Baumstümpfe wachsen. Die Heidelbeeren überging ich. Ich hatte ein Zaubermittel gegen Moskitos aus der Bundesrepublik mitgebracht. Damit rieb ich mir die freien Stellen der Haut ein. Die Moskitos kamen angeflogen, gelockt von Säugetierwärme, dann wurden sie von der Ausdünstung des Mittels befremdet, sie bumsten einmal gegen die Haut. Sie schwebten weiter an mir im Abstand von einigen Zentimetern, sie konnten mir den Trick mit dem Mittel nicht glauben. Hoffnung ließ sie mich weiter begleiten.

Ich hatte nichts dabei gefunden, das Mittagessen auf dem Schienenroller einzunehmen; oder daß es kein warmes Essen gab. Ich dachte, das ist immer so. Die Tatsache, daß wir keine warme Küche hatten, gehörte zu den Gründen, die unseren Brigadier – den Vorarbeiter – fünfzehn Tage später seine Stelle kosteten.

Jeder hat Anspruch auf ein warmes Mittagessen, gleichgültig, wo er arbeitet. Kann er nicht zum Essen kommen, muß das Essen zu ihm kommen. Die Brigade hatte eine fahrbare Küche gehabt, die war ihr vor kurzem geklaut worden, jedenfalls war sie eines Tages verschwunden. Seither gab es kein warmes Essen, keinen neuen Kochwagen. Am letzten Tag in der Brigade erlebte ich ein warmes Essen. Der Brigadier war von der Brigade schon in die Wüste geschickt worden; die Wüste, das war Moskau. Der Fahrer hatte das Essen in Kesseln aus der Kantine in Kunerma geholt, Krautsuppe, gekochtes Rindfleisch und Reis, Kompott, Tee, Brot. Wir setzten uns in den Wagen, die Mittelbank war unser Tisch.

Um drei Uhr, zwei Stunden vor Schluß, hören wir auf. Wir finden, es ist genug für den ersten Tag. Ich entschuldige mich beim Brigadier. Das hört einer von den anderen. Er lacht, er findet es übertrieben, daß ich mich entschuldige.

Wir schlafen von vier bis fünf. Nach dem Essen von sieben bis zehn. Dann schreibe ich in meinem Zimmer bis elf.

Mein Nebenzimmer ist das Aufenthaltszimmer des Hotelchens. Dort steht ein Tisch mit Stühlen, eine Anrichte mit Geschirr, das Telefon, ein Eisschrank und noch ein Bett mit einem Nachtschränkchen. Auch ein Radio steht da, auf hohen Stelzfüßen. Es funktioniert nicht. Ich habe mich nicht bemüht, daran etwas zu ändern, weil ich mir damit ein viel größeres Problem geschaffen hätte. Tanja wäre nur schwer davon abzuhalten gewesen, das Radio laufen zu lassen. Am Bratsker Meer hatten wir in einem Gästehaus gewohnt, das der Bau»firma« gehörte, die den Staudamm gebaut hat. Die Betreuerin des Hauses zeigte uns das Zimmer, in dem Breschnjew während seines Sibirienbesuches im Herbst 1977 geschlafen hatte. Es unterscheidet sich nicht von meinem Zimmer; in Sibirien gibt es eine obere Grenze des Luxus für jeden. In jenem schönen Haus hatte ich mich darüber geärgert, daß Tanja das Radio in ihrem Zimmer so laut aufdrehte, daß man es am anderen Ende des Flurs hörte, bei geschlossenen Türen. Als wir im Eßzimmer beim Frühstück saßen, fiel mir auf, daß sie die Tür zu ihrem Zimmer geöffnet und das Radio noch lauter gestellt hatte. Ich bat sie ungeduldig, das Radio in ihrem Zimmer auszuschalten. Sie tat, was ich wollte, ohne Zeichen von Ressentiment.

Tanja schläft nebenan, im Durchgangszimmer. Unsere gemeinsame Tür ist nicht zu schließen, lehnt man sie an, öffnet sie sich zu einem breiteren Spalt. Als wir einzogen, lag eine Wochenendausgabe der »L'Humanité« herum. Wenn Tanja sich um- oder anzieht, kommt sie zu mir herein, holt die alte Illustrierte und klemmt sie zwischen Tür und Türstock, das hält die Tür geschlossen. Jetzt fragen wir immer, wenn einer von uns die Tür festklemmen will: »Wo ist die ›Menschlichkeit‹?« Aus irgendwelchen Gründen wird die Zeitung mit der Zeit dünner, sie wandert als Folge mit den Tagen am Türrahmen hoch, wo der Spalt enger ist.

Im Russischen sagt man nicht »ich habe«, sondern »bei mir gibt es«, »bei dir gibt es« und so weiter. Ich nehme mir vor, Russisch zu lernen. Das Russische scheint mir wie ein Fernrohr, mit dem man weit in die Zeit zurückschauen kann. »Cholodna« heißt »kalt«, es wird auf der ersten Silbe betont. Sprich es schnell und oft genug und es führt zu cold, kalt. Es ist dasselbe Wort, nur älter.

XI

Neben der Schule steht ein Kran, fein und hoch wie ein aufgestelltes Lineal. Er ist blutrot, mit schwarzen Buchstaben steht darauf »Kato«. Der Kran kommt aus Japan. Man sieht ihn häufiger an den Baustellen der Bahnlinie. Ich kann ihn nicht fotografieren mit meinem Normalobjektiv, er ragt über den oberen Bildrand hinaus in den Himmel von Kunerma. Er kann auf der Straße fahren. Ich sehe den Kran, wenn ich zum Essen in die Speisehalle gehe. Ich lehne es ab, ihn mit dem Weitwinkelobjektiv aufzunehmen, da würde er hineinpassen. Man muß nicht jeden Kompromiß machen wollen. Gerade ich anpassungssüchtige Wolke muß den Kompromißverzicht trainieren, üben und immer wieder üben. Ich sehe nie jemanden mit dem Kran arbeiten. Wenn ich in der Gostiniza bin, haben die Bauleute Feierabend, wie ich.

Ich komme am frühen Abend vom Gleis nach Hause und schaue mir den Anbau der Schule daraufhin an, was die Bauleute während meiner Abwesenheit geleistet haben. Der Anbau deutet an, daß man mit Zuwachs rechnet. Die Schule ist ein Holzbau, sie ist das größte Gebäude der Siedlung, zwei in T-Form aneinandergebaute, akkurat gearbeitete, winterfeste, große Holzschachteln mit zwei Etagen aus vierkantigen, glatten Balken.

Meine Beziehung zu diesem Haus machte eine Entwicklung durch. Sonntags pflegte ich einmal um es herumzugehen. Dieses Haus hatte es mir angetan. Ich habe einmal ein Buch mit dem Satz angefangen: »In der Schule werden Menschen gemacht.« In der Schule werden Lebensläufe gemacht. Was machen die da drin mit den Gehirnen, dachte ich, wenn ich sonntags davorstand. Ich fotografierte den Bau, er stand am Rand der Taiga und imponierte.

Meine Aufmerksamkeit schlief auch wieder ein. Es wird schon so sein, daß in tieferen Schichten die Dorfschule von Glödnitz sich meldete. Auch sie stand am Rande der Zivilisation, hinter dem Dorf gab es Einzelgehöfte und Fichten bis zu den Hohen Tauern. Für Touristen ein Idyll, mit ununterbrochen auf sie einredender Landschaft, für mich ein von Armut, Geiz und Grundsätzen verseuchter Kuhstall, aus dem ich mit der »Radltrogn« (Radtruhe = Schubkarre) um fünf Uhr morgens den Mist hinausfuhr, auf einem schmalen Brett balancierend in die Höhe stemmte, in das Sternbild vom »Großen Wagen«, auf den Misthaufen, mit zehn Jahren. Ich trug mit zehn Jahren fünfzig Kilo Zement auf den Schultern, die Scheuneneinfahrt hinauf, zum Angeben.

Sehr viel später, als ich schon lange keine Angst mehr vor ihnen zu haben brauchte, erwähnte ich einmal – während eines Besuches –, ohne die Absicht, mich zu beklagen oder sie zu kritisieren, daß mir das Heutreten in der Scheune als Kind schwergefallen sei; der Heustaub in der Hitze unter dem Scheunendach reizte die Atemwege, das Festtreten der in die Scheune gestopften Wolken aus Heu war ermüdend. Meine Pflegemutter schaute sich um, als rieche es in der Küche plötzlich nach Scheiße. Nach so vielen Jahren kam es heraus, daß ich keine Freude hatte am Erstikken! Mit bittersaurem Lächeln bei gerümpfter Nase – eine etwas komplizierte Gymnastik, die im allgemeinen nur mit starken Gefühlen gelingt – sagte sie: »Das war für dich Arbeit? Heutreten macht Kindern doch Freude! Seltsam, daß du das als Arbeit empfunden hast.« Von ihrer Bitterkeit herausgefordert, schlug ich zurück: »Willst du damit sagen, ich hätte als Kind bei euch nicht gearbeitet?« »Gearbeitet!« jubelte sie. »Ja, was fällt dir denn ein! Ihr habt als Kinder bei uns doch nie gearbeitet!« Der Alte schüttelte traurig den Kopf über die Schlechtigkeit der Welt. Das traf mich, als hätten sie mich angespuckt. So ist es recht! Erst die Arbeit von Kinderhänden schlabbern, und dann vornehme Selbstlosigkeit spielen! Diese große jesuitische Maschine der Verdrängung arbeitete stets mit dem feinsten Öl. Ihre psychologische Ahnungslosigkeit gestattete ihnen, ihr Selbstmitleid zu genießen wie regelmäßiges abendliches Kneipenbier. Und alle Vorträge der Welt hätten das Kopfschütteln des Alten nicht anhalten können. Es ist die Arbeit anderer, die Vornehmheit schafft. Mit Triumph und Wehmut starrte sie vor sich hin, ihr Blick sagte, da ist er wieder, der schlechte Charakter, es nützt nichts, und wenn er noch so alt wird, er bleibt immer gleich, bis er stirbt. Nur gut, daß er jetzt behauptet hat, er habe gearbeitet, ich hätte seine angeborene Schlechtigkeit sonst vergessen können.

Werden auf diesem Staubkorn von Taiga-Insel auch solche Idioten fabriziert wie in meiner Zweiklassenschule? Ich will damit nur sagen, meine

Beziehung zum Schulhaus war etwas Lebendes. Meine Beziehung zum Schulhaus arbeitete. Den Anbau machten sie mit Hohlblocksteinen.

1. September

Schulanfang in Kunerma und Einschulung des ersten Jahrgangs. Ein wichtiges Ereignis, das die ganze Siedlung ergreift. Wir gehen am Vormittag nicht zur Arbeit. Neben dem Haupteingang der Schule steht eine Aluminiumschüssel voll Wasser. Ein zehnjähriger Junge in schwarzem Anzug taucht die Schuhsohlen ins Wasser, auf einem Bein balancierend streift er die Sohle am Wasserspiegel ab. Die Kinder in der Halle sind so aufgestellt, daß man sagen muß, sie sind angetreten. Von den Wänden der Halle zur Mitte hin werden die Reihen der Kinder niedriger. Es gibt viele weiße Krägen, viel Schwarz, die Köpfe sind geschrubbt, die Ohren sauber wie Schweinsohren im Schaufenster. Die Eltern stehen in Gruppen am Rande. Einige Mütter sind beunruhigt über diese erste unüberwindliche räumliche Entfernung von ihrem Kind. Sie fühlen sich gestört, daß sie ihr Kind nicht anfassen können. Ich stehe neben der Rektorin.

Ein Offizier in Paradeuniform spricht ein Kommando. Es klingt barsch, unwirsch, wie Kommandos eben klingen. Ich nehme an, er sagt »Stillgestanden!« Er macht eine stramme Kehrtwendung, salutiert und macht der Rektorin Meldung, er sagt in militärischer Form, daß die Kinder vor ihr stehen. »Sie wird die Kinder wohl gesehen haben«, sagt es in mir. »Du bist ein frivoler Hund. Du reist in der Gegend umher und schaust dir die Sachen an. Andere machen die Arbeit«, sagt es dagegen.

Der Offizier macht nochmals kehrt und hält eine Ansprache. Ich denke währenddessen über den Sinn militärischer Meldungen nach. Ritualisierung ist ein Lebensmittel.

Bevor die Rektorin ihre Ansprache beendet hat, muß ich meine Freundin in dieses Buch hineinbekommen, mit der ich in München zusammenlebe, weil sie eine Rede gehalten hat, die mich erschütterte. Ich liebe das Wort Genie nicht, Helgas wegen möchte ich es nicht aufgeben. Sie ist ein Genie der Behutsamkeit, eine Virtuosin des Zuhörens und – ohne Fanatismus – unkorrumpierbar bis zur Selbstgefährdung; das weiß ich, weil ich es mit Leiden bezahlt habe. Ich verdanke ihrer treffsicheren Zurückhaltung einen Teil meiner Reife. Sie ist die stärkste ethische Begabung, der ich begegnet bin. Ich bin überzeugt, sie ist eine Menschenerzieherin, wie sie selten geboren werden. Jeder, der mit ihr zusammenkommt, merkt das sofort. Sie sieht aus wie Mona Lisa. Ich habe Menschen auf der Straße beobachtet, die sich deshalb nach ihr umdrehten und die Ähnlichkeit kommentierten. Sie kam gerade aus München zurecht, sich die Schule in der Taiga anzusehen. Die Schule und ich, wir bekamen von ihr Besuch. Das heißt, wir standen zu zweit neben der Rektorin.

Einige Kinder sagen Gedichte auf. Wenn sie anfangen zu stottern, werde ich an die Vorbereitungsarbeit zu dieser Feier erinnert. Wir werden als Gäste aus der Bundesrepublik vorgestellt. Schüler und Eltern klatschen. Professionelle Staatsbesucher mögen so etwas gewöhnt sein, ich bin es nicht. Ich komme mir fast wie ein Hochstapler vor, spüre allerdings in mir sehr schnell die

Geschicklichkeit wachsen, solche Annehmlichkeiten zu genießen.

Helga hält eine kurze Ansprache, mit ihrer zerbrechlichen Stimme. Ihre Augen glühen. Die Menschen sind von ihr hingerissen, sie sagt zu den Kindern: »Ich werde unseren Kindern in der Schule von euch erzählen.« Das ist der Inhalt ihrer Rede. Ich glaube, es hat ihr kaum jemand zugehört, alle haben sie beim Sprechen betrachtet. Ein Kind tritt vor und überreicht Helga einen Blumenstrauß. Folgen Gedichte und Musik von einem Plattenspieler. Ich sage den Kindern: »Wir werden noch von euch zu lernen haben.« APN-Sascha übersetzt. Ein kleines Mädchen kommt mit Blumen auf uns zu, es soll mir einen Strauß überreichen. Das Kind taumelt in die Augen Helgas hinein. Jemand nimmt es an der Hand und leitet es zu mir. Es ist die Tochter unserer Walja in der Brigade, sie kommt aus der Moldau. Einige Wörter kann ich verstehen, wenn sie in ihrer Muttersprache zu mir redet.

Nach der Feier besuchten wir eine Klasse. Es war die letzte Klasse, glaube ich, die elfte. Ein Vorarbeiter oder ein Ingenieur – ich finde keine Notizen darüber – sprach eine halbe Stunde zu den Schülern, Jungen und Mädchen. Soweit ich mich erinnere, erklärte er, welche Aufgaben mit welchen Berufen verbunden sind und welche Berufe jetzt in diesem Gebiet am nötigsten gebraucht werden. Über seinem Kopf, unterhalb der Decke, standen die Kürzel der chemischen Elemente an der Wand.

XII

Der erste Güterzug ist in Kunerma angekommen. Die meisten Wagen enthalten Fertigbauteile. Sieben Waggons sind voller Steinkohle. Um ein Uhr geht die Brigade Kohle entladen. Jurij besorgt einen Arbeitsanzug für Helga. Sie will arbeiten.

Die Seitenwand der Waggons ist in mehrere bewegliche Teile geteilt. Sie werden unten nach außen geklappt, die Kohle rinnt auf die Erde. Es ist nicht viel, was auf diese Weise aus dem Wagen kommt. Einige von uns steigen hinauf und stoßen mit Schaufeln die Kohle hinunter. Die anderen werfen die Kohle mit Schaufeln von den Rädern und von der Schiene hinter sich. Wenn sich dort genug angesammelt hat, kommt eine Planierraupe und schiebt die Kohle am Ende des Zuges zu einer Halde zusammen.

Umgang mit der Schaufel ist meine große Leidenschaft. Ich habe für die Bewegungen, mit denen man sie am wirkungsvollsten führt, ein Gespür, das man nur in Jahren der Übung erwirbt. Mein Körper wird eins mit der Schaufel, sie ist wie ein weiterer Arm für mich, mit einer großen, flachen Hand am Ende. Ich bin die Schaufel. Wie andere als Kinder ihre Hände und ihren Körper zu Teilen eines Klaviers zubereiten, andere zum Geigeninstrument, haben meine Kärntner Pflegeeltern meine Hände und meinen Körper zur Holzhackvirtuosität und zur Schaufelvirtuosität gezogen. Meine Pflegeeltern hatten im Gurktal ein zweihundert Jahre altes Wirtshaus mit Landwirtschaft ersteigert, von einer Bank, der eine alte Frau den Hypothekenkredit nicht bezahlen konnte. Sie bauten ihr ganzes Leben an dem Haus herum. Es gab immer etwas zu schaufeln, Sand für den Mörtel, Zement und Kies für den Beton; es gab Kartoffeln zu schaufeln und Roggen, Sägespäne für den Schweinestall, Erde für den Garten, Schnee im Winter, sehr viel Schnee.

Von zehn Schaufeln, die auf einem Haufen liegen, erfasse ich mit dem ersten Blick die beste.

Ich beobachte Helga beim Schaufeln mit lebhafter Unruhe. Sie stößt die Schaufel wie einen Spieß in den Kohlenhaufen. Zum Spießen sind Schaufeln nicht konstruiert. Das kostet viel Kraft, strapaziert die Schneide, und das Ergebnis ist unbefriedigend, durch Stochern kommt wenig aufs Blatt. Sie macht einen weiteren Fehler, der mehr strategischer als taktischer Art ist, sie spießt die Schaufel in die Haufenmitte, anstatt das Blatt über den Erdboden unter den Haufen zu schieben. Sie glaubt, das sei leichter, weil sie sich dabei nicht zu bücken braucht. In Wirklichkeit gewinnt sie einen kleinen Vorteil und verliert einen großen. Ihre Methode kostet mehr Kraft und befördert eine kleinere Menge als die Methode, die dem Charakter der Schaufel entspricht. Eine Schaufel ist ein Instrument zur Unterwanderung, der offene Angriff auf einen Haufen läßt ihre besten Eigenschaften ungenutzt und mißhandelt sie.

Alle diese Menschen, die beim Schaufeln vorgehen wie Helga, triumphieren zunächst über mich. Sie weisen darauf hin, daß ihr Haufen schneller kleiner werde als meiner. Bei oberflächlicher Betrachtung scheinen sie recht zu haben. Das kommt daher, daß die Spitze einer Pyramide schneller abgetragen ist als die Basis, in der der tausendfache Inhalt steckt. Ich gehe den Haufen von unten an, und es dauert länger, bis man größere Veränderungen erkennt, die Höhe des Haufens bleibt lange unverändert. Der Haufen wird ausgehöhlt wie ein Steinbruch, es entsteht eine senkrechte Halbrunde. Da ich weiterhin das Material aus der Basis herausziehe, stürzt die senkrechte Wand irgendwann ein. Ich gewinne die Anziehungskraft der Erde zu meiner Unterstützung, das Material fällt mir auf die Schaufel.

Ich habe vom Bücken gesprochen und davon, daß Helga durch ihre Art des Schaufelns einen kleinen Vorteil gewinne. Das stimmt nicht. Das ist ein weiterer Irrtum der des Schaufelns Unkundigen, man müsse sich beim Schaufeln bücken. Die Distanz, um die man mit seinem Oberkörper der Erde näherkommen will, überbrückt man nicht dadurch, daß man den Oberkörper nach vorne krümmt, man geht in die Knie. Das Kreuz bleibt aufrecht, wird nicht gekrümmt, schmerzt nicht, und man gewinnt einen oder beide Oberschenkel – die stärksten unserer Muskeln – zum Mitschaufeln. Denn durch das Senken der Knie bewegen sich die Oberschenkel nach vorne. Wenn man die Schaufel richtig hält, liegt der Schaufelstiel bei dieser Vorwärtsbewegung auf den Oberschenkeln, diese schieben die Schaufel nach vorne, unter das Material, mehr als die Arme. Das kostet die wenigste Kraft, weil das Gewicht des Oberkörpers mitschiebt, durch blankes Sinken. So gewinnt man schöne, volle Schaufeln, ohne zu ermüden. Der andere stößt sich und die Schaufel mit seinem Spießstil kaputt und bewegt wenig.

Ich rede jetzt von günstigen Schaufelbedingungen, davon, daß der Erdboden glatt ist und daß man aufrecht stehen kann. Wir hatten es zeitweise schwerer. Wir mußten einen Teil der Kohle unter dem Wagen hervorholen. Das Material war unregelmäßig strukturiert, zwischen Gries lagen dickere Brocken, bis zur Größe von Backsteinen, einzelne Stücke waren noch größer. Das Gleis und die Räder mußten frei sein, damit der Zug wieder abgezogen werden konnte. Das Herausschaufeln der Kohle unter dem Waggon strengte mich an. Wir mußten in gebückter Haltung mit zu weit vorgestreckten Armen arbeiten. Ich begann, meine Wirbelsäule zu spüren. Wenn die Planierraupe kam und die Kohle weiterschob, die wir ihr vor den Schieber geschaufelt hatten, war ich dankbar für die Unterbrechung. Ich stützte mich auf den Schaufelstiel und glotzte erleichtert vor mich hin.

Immer wieder schaute ich während der Arbeit zu Helga hinüber, ob die Veränderung ihres Kohlenhaufens ausreichend sei, auf die übrigen Mitglieder der Brigade Eindruck zu machen. Die Verbindung ihrer dunklen Augen unter einem Kopftuch und ihr rund hervorspringender Hintern in der blauen Arbeitshose hatten etwas unaussprechlich Rührendes.

Tanja setzte sich bald zum Fahrer ins Führerhaus der Planierraupe und machte ihre Faxen. Sie grüßte, wenn sich das Fahrzeug an einem von uns vorbeischob, mit einer Handbewegung zum Kopf, einem Stummel der militärischen Salutierhaltung. Dadurch bezog sie uns ein und zwang uns, auf sie zu reagieren, uns mit ihr zu befassen. Sie war jetzt wieder der Mittelpunkt. Während wir schwitzend und gebückt in der Kohle wühlten, thronte sie. Ich versuchte, mich aus ihrer Veranstaltung herauszuhalten, indem ich vermied, sie anzusehen, wenn ich wußte, daß sie mich sehen konnte.

Sie grüßte nicht nur, sie grüßte mit ernstem Gesicht, schwebte auf ihrem Thron vor, schwebte zurück und schaute uns dabei fast ununterbrochen an. Ihr Gesicht zeigte, daß sie eine dramatische Auffassung von ihrem Hinundhergefahrenwerden hatte. Es war leicht gerötet durch Pathos und Genugtuung, als hätte sie gerade den Heiratsantrag eines schönen und klugen Milliardärs ausgeschlagen. Nach einer Weile ließ der Fahrer sie den Hebel drücken, mit dem man die Planierraupe vorwärts und rückwärts fahren lassen konnte. Ihr Gesicht sah jetzt aus, als sagte sie: »Die Lage hat sich so zugespitzt, ich mußte das Kommando über den gesamten Westabschnitt selbst übernehmen.«

Gegen fünf Uhr hatten wir unsere drei Waggons entladen. Wir gingen nach Hause, Schaufeln über den Schultern, befriedigt, von der starken körperlichen Bewegung und der inneren Wärme euphorisiert. Als wir das Ende des Güterzuges erreichten, bemerkte der Brigadier, daß der letzte Wagen nicht ganz entladen war. Das löste eine heftige Diskussion aus. Ich sah mich sofort nach Tanja um. Ich erfuhr, daß eine andere Brigade die letzten drei Waggons entladen hatte, die ebenfalls mit Kohle gefüllt gewesen waren. Die Brigade war pünktlich um fünf nach Hause gegangen und hatte den letzten Waggon nur zur Hälfte entleert. Eine junge

Frau kam hinzu, mit Papieren in den Händen, Ladungsunterlagen, nehme ich an. Wütend richtete sie Vorwürfe gegen jemanden. Der Zug sollte um zehn Uhr abends weg, das Gleis wurde gebraucht für einen anderen Zug. Die Räder des letzten Wagens standen bis zum oberen Rand in Kohle. Sie war dafür verantwortlich, daß der Zug pünktlich zurückgefahren wurde und daß der nächste Zug sein Gleis bekam.

Wir waren die falsche Adresse für Vorwürfe und Appelle. Eine andere Brigade war für die Entladung des letzten Waggons verantwortlich. Sie würde das Geld bekommen, das für die Entladung des Waggons zur Verfügung stand. Da ist nichts zu machen, sagten die Leute zum Brigadier und zu der jungen Frau, sollen wir für die andere Brigade die Arbeit machen, und die kriegt dann das Geld? Sucht euch die andere Brigade zusammen. Ich weiß doch gar nicht, wo die wohnen, sagte die Frau und flatterte mit ihren Papieren. Währenddessen wurden die Menschen um mich herum weniger. Es blieben Helga, Tanja, Jurij, unser Brigadier und ich. Die anderen hatten sich dem Appell entzogen. Jurij machte Tanja Vorwürfe, daß sie mir die Situation erklärt hatte.

Der Brigadier hatte jetzt keinen Gesprächspartner mehr außer Jurij, der sich in seiner Unzuständigkeit von uns nur dadurch unterschied, daß er als Funktionär mehr Ehre und Verantwortungsgefühl beweisen mußte und daß er kräftiger war. Ich sah den Bewegungen und dem Gesicht des Brigadiers an, ohne daß Tanja übersetzte, daß er zu Jurij sagte: Also gut, wenn das so ist, dann werde ich selbst gehen und den Waggon entladen! Er legte sich die Schaufel über die Schulter, er drehte sich um und ging zum letzten Waggon zurück.

»Das ist unmöglich!« rief es aus mir, etwas zu pathetisch, ich witterte eine Möglichkeit, mich hervorzutun. Ich hatte außerdem das Gefühl, es sei jetzt eine Schuld, die ich zu begleichen hätte, den Zug bis zehn Uhr freizubekommen, meine Pflicht mehr als die eines anderen. Mir schien, die anderen hätten ein größeres Recht auf Freizeit als ich. Sie arbeiteten alle Tage so schwer, für mich war es ein Abenteuer, das ich jederzeit abbrechen konnte. Im Vergleich zu ihnen war ich der Hooligan, jemand, der dauernd in einer Ausnahmesituation war. Der in Kohle stehende Waggon, das war meine Situation, es war eine Ausnahme. Ein Gammler wird leichter ein Held. Ich konnte es mir leisten, mit einer Sonderanstrengung Aufmerksamkeit zu erregen, also war ich auch verpflichtet. Durch die Arbeitserfahrung des Nachmittags wußte ich, daß es nicht leicht sein würde, den Waggon bis zehn Uhr zu entleeren und freizuschaufeln, mit drei Mann.

Jurij und ich kletterten in den Waggon. Wir begannen, die Kohle hinauszustoßen. Wir krabbelten auf der Ladung herum wie große Käfer. So ein Waggon ist von innen größer, als er von außen aussieht.

Helga und Tanja standen hilflos draußen, vor einer Kohlenhalde. Ihre Absicht, den Berg abzutragen, schien auf groteske Weise nutzlos. Sie konnten uns nicht einmal unterhalten, wir sahen voneinander nur die Beine bis zu den Knien. Wir baten sie, nach Hause zu gehen, sie marschierten los zur Siedlung. Der Brigadier war weg. Er kam auch nicht wieder. Ich hoffte, er habe uns verlassen, um Hilfe zu organisieren.

Es fiel wenig Kohle von selbst hinunter, soviel man auch stieß. Die Kohleschicht war zu breit, der Waggon war zu breit. Es gab kaum Gratisbewegungen, wenn ich eine Schaufel Kohle aus dem Waggon befördern wollte, mußte ich sie auch mit der Schaufel hinauswerfen. Die Hoffnung, durch Schieben mit der Schaufel von oben würde sich ein Teil der Halde in Bewegung setzen und nach draußen verschwinden, erfüllte sich nicht. Jurij handelte, als funktionierte es so. Er arbeitete unwirtschaftlich mit seinen Kräften. Er stieß und schob und harkte Kohle von oben nach unten, ohne daß mehr Kohle seiner Anstrengung folgte als jeweils so viel, wie auf einer Schaufel Platz hat. Wie ein Rasender stieß er manchmal zu, solange, bis er das Tempo nicht mehr durchhalten konnte, dann machte er etwas langsamer, bald begann er wieder zu rasen. Nach weniger als einer halben Stunde zog er sich plötzlich aus und behielt nur Hose und Stiefel an. Nach weiteren fünfzehn Minuten zog er das Hemd wieder an.

Ich hatte meinen idealen Schaufeluntergrund, den glatten Metallboden des Waggons. Mit der Arbeit während des Nachmittags hatte ich den größten Teil meiner Kräfte ausgegeben. Ich befürchtete bald, ich könnte gezwungen werden, vor dem Ende aufzugeben. Ich spürte, wie jede Schaufelladung beim Hinauswerfen auf die Lendenwirbel drückte. Ich war nicht mehr fähig, die Unterlage auszunutzen, ich reduzierte die Menge, die ich durch die Luke schleuderte. Dabei erreichte ich, so schien mir, noch immer dasselbe Förderquantum wie Jurij. Ich hatte keinen Raum, mich zu drehen. Ich stand vor dem Haufen, hinter mir die freigeschaufelte Fläche, ich konnte die Richtung nicht wechseln, die Kohle mußte von rechts nach links. Hätte ich mich drehen und die Kohle in umgekehrter Richtung schaufeln können, das hätte eine Körperseite für eine Weile etwas entlastet. Wenn ich denselben Wirbel gemacht hätte wie Jurij, hätte ich einen Herzschlag gekriegt. Schweigend kämpften wir gegen die Kohle und gegen unsere Erschlaffung. Die nahen Berge verschwanden hinter ihren rauchweißen Vorhängen, und es regnete. Der Regen ließ das Gefühl von Einsamkeit aufkommen. Niemand war in der Nähe. Kunerma liegt auf derselben Höhe wie Moskau, das heißt, wie Glasgow in Schottland, da wird es im Sommer nicht so früh dunkel.

Im Gurktal, wo ich das machte, was man Kinderarbeit nennt, gab es nicht nur zu schaufeln. Weit häufiger als mit der Schaufel hatte ich mit Beil und Säge zu tun. Alles, was bei uns erhitzt wurde, wofür auch immer, erhielt seine Temperatur durch Verbrennen von Holz: Fichte, Buche, Birke, Föhre, Kiefer, Erle, Weide, Eiche, Linde, Esche, Lärche. Wir hatten eine Küche mit einem gemauerten Herd – wir haben sie heute noch –, in der für vierzehn Personen gekocht wurde, dreimal am Tag. Im Sommer trieb die Hitze mich zur Tür hinaus. Der Pflegevater klagte mehrere Jahrzehnte lang – abgesehen davon, daß er ohnehin immer über irgendwelche Verluste klagte – über die Geschwindigkeit, mit der das Holz vom Feuer aufgefressen wurde. Jahrzehnte hindurch beschuldigte er seine Frau, bevor er sich in der Küche zum Essen an den Tisch setzte, daß sie zuviel von seinem Geld in den Herd stecke. Wenn er heizte, nahm er das zum Anlaß, dem Haus zu beweisen, daß er der begabteste von allen Heizern sei. Er brachte die vordere Hälfte der zwei Quadratmeter großen gußeisernen Herdplatte zum Glühen, um eine »Schale« Kaffee aufzubrühen, indem er das Herdloch mit Scheiten vollstopfte. Im Winter brannte Holz im Küchenherd, in den Kachelöfen verschiedener Zimmer – Wohnzimmer, Schlafzimmer, Dienstmädchenzimmer, Fahrerschlafraum hinter der Garage –, unter dem Kessel in der Waschküche, in dem die Kartoffeln für die Schweine gekocht wurden, und im Backofen, in dem meine Pflegemutter alle vierzehn Tage zwei Dutzend Brotlaibe backte. Manchmal brannte ein Feuer im Hof, wenn der Alte den Motor seines Lastwagens ausbaute, er brachte den Block nach Klagenfurt und ließ die Zylinder neu schleifen. Dann wanderte er zwischen seinem provisorischen Arbeitstisch – einer dicken Holzplatte auf zwei Böcken – und dem Feuer hin und her und wärmte sich die Hände. Ich hackte Holz. Fast jeden Tag war irgendein Stück Holz zu groß. Ich stand viele Stunden meines Lebens in der Holzhütte. Ich stand gerne dort, sie befand sich hinter dem Stall, von Wohngebäude und Hof abgekehrt. Während mein Körper durch Holzstücke hindurch auf den Hackblock einhieb, träumte ich in jenen kostbaren Stunden des Alleinseins von Schulmädchen, meinem Vater, von Abenteuern in Südamerika, ich träumte davon, ein großer Maler zu werden und ein großer Erfinder. Ich trage als Ausweis fünf

Narben, die ich mir durch Beilhiebe in den Zeigefinger beigebracht habe.

Bevor Holz die Größe erreicht hat, in der man es auf dem Block zerkleinern kann, ist es meist Baum. Ich lernte mit beiden Händen sägen, um die Leistung durchzuhalten, die das Ehepaar von mir erwartete. Das Sägen verlangt von einer Hand gleichzeitig Kraft und Führungsgeschicklichkeit. Diese Fähigkeit in beiden Händen ist auch beim Schaufeln nützlich, wenn man große Mengen bewegen muß. Wenn die Lasthand ermüdet, verwendet man sie als Führungshand. Das half mir, den Kraftakt im Kohlenwaggon durchzustehen.

Nach zwei Stunden erklangen draußen Stimmen, als hätte jemand ein Tonbandgerät eingeschaltet. Zu den Stimmen kamen Geräusche von Schaufeln, die in die Kohle gestoßen wurden, und das helle Reibegeräusch des vom Blatt fliehenden Materials. Ich war davon ausgegangen, daß wir den Wagen entleeren, Gleis und Räder aber nicht mehr freischaufeln würden. Ich hoffte, eine Lok würde den Zug durch den Haufen zerren. Wir sprachen kein Wort miteinander, irgendwann einmal schaute einer der Männer von unten in den Wagen.

Jurij und ich gingen erschöpft und schweigend nebeneinander her, von Müdigkeit beleidigt. Hinter uns stand ein Regenbogen, genau über der Trasse und dem Zug, mit einer Intensität der Farben, wie ich sie noch nie gesehen hatte. Es hätte eine erstaunliche Fotografie geben können. Ich hatte Helga gebeten, den Fotokoffer in die Gostiniza mitzunehmen. Als wir dort ankamen, war der Farbstreifen verblaßt, einige Trümmer hingen noch oben.

XIII

Boris hat eine Sauna. Er spielt Gitarre. Wir haben drei Gitarrespieler in der Brigade. Einer von ihnen spielt am Samstagabend auf einer elektrischen Gitarre in der Band im Klubhaus. Boris ist Liedermacher, auch Alek, der zweite Gitarrespieler, komponiert. Boris ist klein und dunkel. Er trägt einen sperrigen Schnurrbart. Für einen Liedermacher ist er ein ziemlich stiller Mensch, er hat nichts von der fröhlichen Aggressivität des Panzerfahrers oder von der Art Wasjas, der sich die Menschen nimmt, wann es ihm in den Sinn kommt; er hat nicht das Bedürfnis nach dem Kitzel wie Wera, die Fragen in mich hineinsteckt und dann gespannt darauf wartet, was passiert. Er beobachtet mich, macht sich seine Gedanken, sagt nichts. Die Gitarre holt ihn heraus. Sie ist der Lautsprecher, der ihn hörbar macht, das Instrument, das seine Schallwellen in die Frequenz umsetzt, die das menschliche Ohr wahrnehmen kann. Wenn er sich mitteilen will, muß er an die Gitarre angeschlossen sein.

Er trägt immer eine Mütze, wenn er nicht im Bett liegt oder sonntags mit seiner Frau am Mittagstisch sitzt. Das Mützentragen im Sommer ist mir ein Rätsel. Ich habe auch Hüte nie verstanden. Ich denke, die Haare *sind* die Mütze. Das Tragen einer Mütze oder eines Hutes kommt mir vor, wie wenn ein Eisbär sich einen Pelzmantel umhängte. Ich habe unseren Brigadier nie – wie Boris – in seiner Wohnung gesehen, das heißt, ich habe nie seinen Kopf gesehen. Mit einer traurigen Ausnahme, es war meine letzte Begegnung mit ihm. An meinem letzten Arbeitstag in Kunerma traf ich auf dem Weg zum Frühstück vor der Speisehalle unseren Brigadier. Es war eine fremde Silhouette, der ich näherkam. Er stand herum. Stehen schien nicht zu ihm zu passen, ich kannte ihn nur im Zustand ununterbrochener Bewegung. Ich war so erstaunt, daß mir erst mit Verzögerung bewußt wurde, er trug keine Mütze, und – keine Arbeitskleidung. Unser Brigadier stand herum, barhäuptig, im Sonntagsanzug. Das versetzte mir einen Stich. Ich erinnerte mich wieder an die Stimmen in der Brigade, die ich über ihn gehört hatte. Da fiel mir auch auf, daß sein wasserblauer Blick, der früher geschwankt hatte zwischen Drohung und Erschrockensein, das Drohende trotz der sprühenden blonden Brauen ganz verloren hatte. Seine Augen waren zwei Öffnungen, durch die sah man hinter seinem Kopf die Nordsee. Ein friesischer Fischer. Ich fragte ihn, ob er heute nicht zur Arbeit komme, ich ahnte, daß er nicht mehr zur Brigade zurückkehren würde. Ich wollte ihn glauben machen, ich wüßte nichts von seiner Verlassenheit, um ihn in der Wahl seiner Antwort nicht einzuschränken. Er sagte, er fahre nach Moskau. Ich hatte die Antwort erwartet. »Nach Moskau?« fragte ich und gab meiner Stimme einen Schub Staunen mit für ihn. »Bleibst du lange weg?« »Ich bleibe dort.« Ich hatte seit einigen Tagen keine Dolmetscherin mehr. Er wußte, daß ich nicht Russisch sprach, daß ich die Wörter, die ich bis jetzt zu ihm gesagt hatte, in den letzten Wochen erworben hatte. Er wußte, daß ich mich auf ein

Gespräch nach den Gründen seiner Abreise nicht einlassen konnte, er brauchte nicht anzunehmen, ich wiche taktvoll aus, zumal meine Überraschung, ihn in einer anderen Form anzutreffen, echt gewesen war. Ich gab ihm die Hand, verabschiedete mich von ihm mit den besten Wünschen. Man merkte, er war mit anderen Dingen stärker beschäftigt als mit der Trennung von mir.

Boris lud uns ein, in seine Sauna zu kommen, es war der Kohlenabend. Wir gingen in der Dunkelheit durch die Siedlung, bis über den Bereich hinaus, in dem es »Straßen«beleuchtung gab. Die Siedlung maß, nach meiner Schätzung aus dem Gedächtnis, damals einen Kilometer im Durchmesser. Wir trotteten im Gänsemarsch auf Holzwegen, einen halben Meter über der Erde. Eine Kiste, einen halben Meter hoch und einen Meter breit, zieht sich in unbestimmter Länge über die Erde zwischen den Häuserreihen, durch die weiten Zwischenräume, die man nach Behandlung Straßen nennen könnte. In die Kistenschlange sind Leitungen gepackt, die in die Häuser laufen: Fernheizung und Wasser. Sie sind so eingewickelt, daß ihnen 60 Grad minus nicht schaden. Die Stadtkiste hat Kreuzungen und Treppchen zum Hinauf- und Hinuntersteigen.

Boris wohnt am anderen Ende der Siedlung, am Rand der Taiga. Er hat die Sauna beheizt. Die Sauna ist ein kleines Blockhaus. Er hat es in der Freizeit mit seiner Frau und der Nachbarfamilie gebaut. Es liegt zwanzig Meter von seiner Wohnung, dahinter fängt der Wald an. Ich frage ihn:

»Hast du eine Genehmigung gebraucht für die Sauna?«

Er lacht. »Wieso?«

»Muß man nicht jemanden fragen, bevor man so etwas baut?«

»Nein.« Er findet die Frage amüsant.

»Mußt du nicht fragen, *wo* du hinbauen darfst?«

»Nein.«

»Darfst du hinbauen, wo du willst?«

»Natürlich.«

»Jeder? Oder nur du?«

»Ich habe nicht mehr Rechte als andere. Platz gibt es genug in Sibirien.«

»Jeder kann jetzt neben deiner Sauna oder vor deiner Sauna oder hinter deiner Sauna eine Sauna bauen?«

»Auch zwei, wenn er will.«

»Und das Material?«

Er zeigt in den Wald. Das hätte ich mir denken können. Man braucht noch Zement. Einen Kessel für das kalte Wasser – da genügt ein altes Rohölfaß. Ein Ofenrohr.

Das Blockhäuschen hat zwei Räume. Der erste: ein Tisch, eine Bank, dicker Holzfußboden, an der Wand ein Holzrechen zum Aufhängen der Kleider, die Ofentür. Es ist frisch nachgelegt auf einem tiefen Bett von Glut. Helga, Jurij und ich. Tanja bleibt draußen. Natürlich, sie will nicht bekanntwerden lassen, daß sie keine Taille hat. Wir ziehen Badehosen an. Bleiben sitzen, passen uns allmählich der Temperatur an, trinken tschechisches Bier. Es ist gemütlich und warm.

Es gibt keine Termine, kein Telefon, kein Rennen zu einem Zug, zu einem Flugzeug, keine Mahnungen. Es ist schön, wenn man ruhiger wird. Ich sitze auf der Bank und denke nicht, was ich als nächstes tun werde. Ich genieße die Übersichtlichkeit meines Lebens und seine Ungerichtetheit.

Jurij geht durch die Tür in den eigentlichen Sauna-Raum, er schüttet eine Flasche Pilsener Urquell auf den Holzboden. »Very good«, sagt er, er meint den Bierdunst.

Jurij legt sich auf die obere Fläche, mir reicht die untere. Wir schütten Wasser aus dem Faß auf die heißen Steine. Jurij beklopft sich mit einer Birkenrute. Er fordert Helga auf, sich auf die obere Stufe zu legen, er klopft sie zärtlich auf Waden, Schenkel, Arme und Brustkorb. Er läßt sie sich wenden und beklopft sie von den Fußsohlen bis zum Hals. Die Schläge sollen nicht wehtun, sie sollen mehr Blut in die Haut ziehen. Mit mir macht er es ebenso. Die Gewohnheit will, daß die Männer hinausgehen, wenn alle genug geschwitzt haben, die Frauen waschen sich. Darauf die Männer. Jurij zog die Badehose aus, ich verstand, ich zog die Badehose aus. Er seifte mir den Rücken ein, ich seifte ihm den Rücken ein. Gewohnt war ich das nicht. Wir wuschen uns die Kohle aus den Haaren. Schließlich schöpften wir mit einer großen emaillierten Waschschüssel kaltes Wasser aus dem Faß und überschütteten uns damit, bis die Seife vom Körper und der Schaum aus den Haaren gespült waren. Das Wasser lief durch die Ritzen im Fußboden nach außen. Raus, sitzen im Vorraum in einem Handtuch. Biertrinken.

Wenn ich von Sauna spreche in Sibirien, entstehen in mir wieder die Bilder von Juchta. Es ist eine dreihundert Jahre alte, winzige Insel aus zwanzig Holzhäusern, mit einer Ebene schwarzer Erde drumherum, die die Bewohner ernährt. Ab und zu kommt ein Sprachwissenschaftler, um das Russisch des siebzehnten Jahrhunderts hier zu studieren. Als die ersten Trassenarbeiter hier landeten, riß der Luftwirbel der Hubschrauber ein Dach ab. So kam das Haus zu einem neuen Dach. Man nennt Juchta »das Dorf der einsamen Frauen«. Zu Beginn des Zweiten Weltkrieges lebten hier vierzig Männer. Zwei von ihnen kehrten aus dem Krieg zurück. Ich habe vom Ernst gesprochen, mit dem Jurij seine Trinksprüche sagte und Andrej. Auf der Autofahrt von Ust-Kut nach Kunerma, auf der ich noch überlegte, welche Siedlung für mich die beste sei, übernachteten wir in Ulkan, der letzten Siedlung vor Kunerma. Genossen vom Komsomol heizten für uns eine Sauna an, es war abends um zehn. Jurij schlug vor, in der Zeit, die das Feuer brauchte, die Sauna zu erhitzen, nach Juchta zu fahren. Wir sollten das Kriegerdenkmal sehen, Komsomolzen von Ulkan haben es aufgebaut. Von Ulkan nach Juchta sind es fünf Kilometer.

Die zweite transsibirische Eisenbahn wird das Aussehen von Juchta vielleicht umpflügen. Was ich im Sommer 1978 dort gesehen habe, ist wahrscheinlich das Bild eines Kosakendorfes, wie es vor dreihundert Jahren ausgesehen hat, mit Änderungen in Einzelheiten, es hatte keine elektrischen Leitungen, Schule und Kindergarten gegeben, die Farbe der Fensterrahmen wird anders ausgesehen haben. Fast alle Einwohner heißen Tarasow; auf älteren Landkarten heißt Juchta noch Tarasowo. Die Einwohner heirateten jahrhundertelang die Menschen aus einem Dorf, das 140 Kilometer entfernt ist. Die Straße durch den Wald ist der Fluß.

Das Dorf ist verhüllt von Dunkelheit. Beim Holpern über die Straße erkennt man ab und zu die Silhouette eines Blockhauses gegen den Himmel, hin und wieder ein viereckiges Lichtloch aus der Schwärze geschnitten. Am Denkmal steigen wir aus. Wladik richtet die Scheinwerfer darauf. Ich war schon einmal hier, im letzten Winter. Jurij erzählt die Geschichte des Dorfes und der einsamen Frauen. Er erzählt sie für Tanja und Slawa – der mich anstelle von Andrej seit Moskau begleitet; Andrej kommt später nach Kunerma, nachdem Slawa abgereist ist –, er erzählt sie auch für mich noch einmal. Weil die Männer der Frauen von Juchta nicht mehr da sind, haben sich Arbeiter von Ulkan verpflichtet, regelmäßige Sonderschichten zu arbeiten für die 38 Gefallenen. So bekommen die Witwen von Juchta von jungen Männern den Lohn.

Wir setzen uns in den kleinen Bus und schweigen. Wladik schaltet das Licht ein. Slawa sagt etwas, das ich nicht verstehe. Jurij unterbricht ihn mit Worten, die ich gut verstehe, weil die Wörter »sprechen« und »sagen« zu den ersten gehören, die man in einer Fremdsprache lernt. Er sagt: »Ich bitte, jetzt nicht zu sprechen.«

Wir sitzen ein oder zwei Minuten oder länger. Kein Rascheln, kein Räuspern im Bus, kein Wort.

Von irgendwoher holt Jurij eine Flasche Wodka und vier Gläser und sagt: »Ich schlage vor, wir trinken auf die Frauen von Juchta.« Wladik trinkt nicht, er trinkt nie, wenn er fährt; es gibt keine Promillegrenze, das Verbot fängt bei Null an. Jurij spricht einen Toast. Ich sehe Slawa an, wie erleichtert er ist, daß er jetzt reden darf.

Mein Kassettenrecorder liegt im Gästehaus von Ulkan. Ich mache keine Notizen über diesen Abend, in der Überzeugung, alles an diesem Abend sei unvergeßlich. Das bedauere ich heute wegen des Gespräches, das nun folgt zwischen Slawa und Jurij und Tanja. Tanja übersetzt es, ich lasse mir keinen Satz entgehen. Aber ich weiß heute keine Einzelheiten mehr. Was ich nicht vergessen werde, ist die Verehrung, mit der die beiden von ihren Müttern und Vätern, von ihren Onkeln und Tanten und ihren Großeltern sprechen. Während sie von deren Taten während des Krieges und der Nachkriegszeit erzählen, reden sie sich in Eifer und Glut. Es reißt auch Tanja mit. Sie haben keine Angst vor Pathos: jemand wirft die Frage auf, was sie selbst tun könnten, um neben ihren Eltern zu bestehen. Sie werden Kraftwerke bauen, Fabriken, Städte, Eisenbahnen. Das ist auch was. »Wir haben es viel leichter, als die Älteren es gehabt haben. Dafür müssen wir ihnen dankbar sein.« Nach einer halben Stunde verlassen wir das Mahnmal.

In der Sauna in Ulkan toben die Männer unter den Waschschüsseln.

Ich möchte in Juchta leben von einem Frühjahr zum anderen und ein Buch schreiben über »Die Frauen von Juchta«. In dem Dorf steht ein Haus, in das ich mich verliebt habe. Es ist nicht klein, um genau zu sein, es ist groß, und es steht leer. Es ist elf bis zwölf Meter lang und neun Meter breit. Die Balken sind schwarzbraun vor Alter. Ich war mit Andrej dort, fast einen Tag, als ich Helga zum Flugzeug brachte, damit sie zurechtkomme zur Eröffnung *ihrer* Schule. Ich habe die Fenster in einem spitzen Winkel zur Hauswand fotografiert, hintereinander in einer Reihe mit einem Teleobjektiv. Ich habe durch die Scheiben hineingesehen, ich schaute in leere, weißgetünchte Räume, mit Türstöcken in urbaner Feinarbeit. Das Haus muß etwas Besonderes sein.

Der stille, dunkle Bach kriecht durch flache Wiesen am Haus vorbei. Das Gras geht unvermittelt in Wasser über, der Bach hat keine Ufer. Das Haus steht in einer lockeren Reihe mit anderen Häusern, die entlang des Baches aufgestellt sind, ein bißchen höher als das Wasser, ein Rain führt hinunter in die Wiese. Die dem Bach zugekehrte Seite der Häuserreihe ist die Rückseite. Wir gehen an den Holzhäusern entlang auf einem weichen Boden; wo das Gras aufgerissen ist, durch Tritte von Tieren oder Menschen, schaut schwarze Erde heraus. Auf der anderen Seite des Baches weiden drei Pferde mit einem Fohlen, direkt am Wasser. Weiter weg liegen zwei kleine Kühe.

Es ist eine bestimmte Einzelheit, die mir diese Häuser besonders reizvoll erscheinen läßt. Der Dachstuhl ist nicht draufgelegt, das Dach springt nicht im rechten Winkel über die Senkrechten. Die Wände laufen kurz vor dem oberen Ende schräg auf den Dachrand vor, Dach und Senkrechte treffen sich am Dachrand im rechten Winkel. Da bleibt kein Vorsprung für den Wind, darunter zu greifen, Hals und Kopf des Hauses gehen ohne Bruch ineinander über. Der obere Teil erinnert an die Festigkeit und den Schwung eines Rinderschädels.

Wir gehen bis zum Ende des Dorfes. Eine junge Frau kommt aus einem der letzten Häuser. Auf einem Steg am Bach steht eine Waschschüssel mit Wäsche. Das Wasser zeigt milchblaue Wolken aufgelöster Seife. Wir grüßen. Andrej unterhält sich mit ihr. Sie trägt Jeans, made in USSR, grauen Pulli. Sie arbeitet im Einkaufsmagazin in Ulkan, ist verheiratet, ein Kind. Ihr Mann arbeitet an der BAM. Vor dem Nachbarhaus behindert uns ein Zaun. Wir bitten sie, uns durch ihren Hof gehen zu lassen zur Vorderseite der Häuser, wo Wagenspuren die schwarze Erde prägen. In tieferen Furchen steht Wasser. Das letzte Haus ist ein Kindergarten, ein langes Gebäude, das Holz ist hell. Am Zaun eines Vorgartens hängt ein gelbbraunes zottiges Fell. Wir bleiben stehen, unsere Aussprüche zeigen, daß wir es gerne mit einem Bärenfell zu tun hätten; keiner von uns hat Sicherheit zu bieten, hat schon einmal ein Bärenfell gesehen. Aus einem Nachbarhaus taucht ein Mann auf, wir sind ein Stück weitergegangen. Der Mann geht auf das Haus zu, vor dem das Fell hängt. Andrej spricht ihn an, geht zurück. Der Mann ist um die Fünfzig, er hat eine Hasenscharte. Vielleicht ist er einer der beiden, die aus dem Krieg zurückgekommen sind. Einen Moment beschäftigt mich die Tatsache, daß Andrej ihn trotz der Hasenscharte versteht. Mein Denken kann den Satz »Hasenscharte kann man in allen Sprachen sprechen« nicht unterdrücken. Das Fell stammt von einem Bären. Der Mann hat ihn geschossen. Wir sind erleichtert und befriedigt.

Die Furchen in der schwarzen Erde machen eine Kurve um 90 Grad, die Straße läuft auf eine Wiese zu. Rechts und links stehen noch mehr von den schwarzen russischen Blockhäusern, mit blauen und mit weißen Zierrahmen. Dieser Blick ist noch aufregender als das, was ich bisher vom Dorf fotografiert habe, mit Ausnahme meines Lieblingshauses. Die Kamera zeigt noch eine Reserve von fünf Bildern. Zwei Filme habe ich in Juchta schon belichtet. Ich hatte geglaubt, ich würde mit drei Filmen auskommen, von Kunerma bis zum Aufstieg Helgas von der Wiese in Juchta, und deshalb nicht mehr Filme mitgenommen. Ich stelle fest, daß mir die interessantesten Bilder bevorstehen. Am Ende der Straße stehen zwei einmotorige Doppeldecker auf dem Rasen, das Sonnenlicht läßt die oberen Tragflächen aufleuchten. Daneben ein Blockhaus, im Holz heller als die Häuser der Bewohner; auf dem Dach eine Antenne und eine kleine rote Fahne; hinter dem Haus, an einem Mast, ein Windsack.

Ich habe zwei Häuser im Sucher, mit allen Eigenschaften, die mich überzeugen, daß es ein unersetzlicher Verlust für mich wäre, wenn ich sie nicht fotografierte. Ich muß jetzt Bilder sparen, auf diese beiden Häuser kann ich nicht verzichten. Ich drücke auf den Auslöser, der Film bewegt sich nicht. Ich bin so enttäuscht, daß ich eine Gänsehaut bekomme, wie in alten Tagen, bevor ich von meinen Erziehern geschlagen wurde. Ich werde abergläubisch vor Entsetzen. Das ist das Ende deiner Sibirienreise als Fotograf, achttausend Kilometer hin, achttausend zurück – Luftlinie. Die Kamera wird zum Urteil über mich, ich kann sie kaum ansehen ohne Angstschauer. Alte Kindheitsdrohungen kommen hoch. Du hast die Reise nicht verdient, du kannst mit ihr nicht umgehen, sie ist zu groß für dich, sagen Stimmen, die wie der Pflegevater sprechen, wie bestimmte meiner Lehrer, wie ein Lehrherr. Es sind Stimmen, die voll Verachtung sind für mich. Ich sehe mich als Hund, der niemandem nützt, nur frißt und deshalb Grund hat, den Schwanz einzuziehen und zu winseln. Ich, der ich jahrelang nicht wahrhaben wollte, daß der Mensch einen Schließmuskel hat, werde deutlich daran erinnert. Aus den Achseln fällt der Schweiß in kühlen Nadeln über die Rippen.

Ich fotografiere die beiden Häuser mit dem Selbstauslöser, es klickt wieder. Später, in München, erfahre ich, daß ich die Häuser nicht gerettet habe. Die Batterie gibt keine Energie ab, die Automatik ist tot, auch wenn es klickt. Das weiß ich in Juchta nicht. Ich schraube den »Autowinder« an den Kameraboden, einen batteriegetriebenen Motor, der den Film transportiert, sobald man auf den Auslöser drückt; man verwendet ihn in Aufnahmesituationen, in denen der Filmtransport mit der Hand zu langsam ist, bei Porträtserien zum Beispiel. Ich transportiere mit dem Motor den Film um zwei Bilder weiter, überzeugt, Aufnahmen zu machen. Ich möchte feststellen, ob sich die Kamera jetzt wieder ohne Motor auslösen läßt, schraube ihn ab, er fällt mir aus der Hand. Dort, wo er hinfällt, ist die Erde trocken und hart. Die Kamera läßt sich nicht ohne Motor auslösen. Ich schraube den »Autowinder« wieder an den Boden der Kamera. Nach dem Druck auf den Auslöser fängt die Kamera schreckenerregend an zu kreischen; ich schalte den »Autowinder« aus, es nützt nichts, die Kamera gibt erst wieder Ruhe, als ich den Motor abschraube. Ich habe mit den Experimenten den Film aufgebraucht. Der teure »Autowinder« ist hin.

XIV

7. September 1978.

Helgas Abreise.

Um fünf Uhr morgens wurde ich durch Geräusche aus dem Nebenzimmer geweckt. Ein Stuhl wurde verrückt, dann knarrte Tanjas Bett. Eine Zigarette wurde angezündet. Jemand flüsterte. Ich wußte sofort, daß Andrej nebenan war, bei Tanja. Einen anderen, Jurij etwa, zog ich nicht einmal in Erwägung. Ich wartete eine Weile in der Hoffnung, wieder einzuschlafen. Ich hoffte gegen alle Wahrscheinlichkeit, daß die Geräusche aufhören würden. Ich hatte Angst davor, daß die beiden mich zwingen würden, bis zum Aufstehen wachzubleiben. Sie hatten mich in der Hand, sie hätten Bedingungen stellen können fürs Stillsein.

Es war selbstverständlich unmöglich, einzuschlafen. Absolut unmöglich. Das Bett hat geknarrt, also liegt er bei ihr. Jetzt rauchen sie noch, aber was passiert, wenn die Zigaretten geraucht sind? Was da alles in mir nach oben gewirbelt wurde – ich spürte das Blut im Hals klopfen. Das Wort »unerträglich«, so oft durch Übertreibung entwertet, es schien mir der richtige Ausdruck für meinen Zustand.

Dieser Andrej mußte immer beweisen, daß er mehr Erfolg bei Frauen hatte als ich. Eine Frau brauchte mich nur aufmerksam anzuschauen, und er verliebte sich in sie, gleichgültig, wie sie aussah. Immer wieder kam diese Unruhe in unsere Beziehung, immer wieder zwang er mir diese Männlichkeitsscheiße auf, diesen mechanischen Machismo, wie es im Spanischen heißt, das Männchentum. Immer wieder weckte er die Versuchung in mir, mich auf das Wettrennen um das Lächeln einer Frau einzulassen. Ich hätte mich um das Lächeln lieber bemüht ohne diesen Druck, ohne den Flirt zum Leistungssport zu machen. Ich will nicht, daß er seine Eroberungen vor mir verzehrt, ich will es vor allem nicht um fünf Uhr morgens, wenn ich dabei aufwachen soll.

Da ist ja Allerfeinstes oft, was zwischen Menschen passiert, leise Erklärungen, die nur gemacht werden, wenn sie leise gemacht werden können. Eine Frau kommt an deinen Tisch in deinem Hotel und fragt, was du essen möchtest. Das ist es schon. An der Art, wie sie die Gäste am Nebentisch bedient, merkst du, daß sie dich auszeichnet. Äußerste Delikatesse ziemt sich da als Erwiderung, ein vorzeitig abgebrochener Blick, dem man anmerkt, daß er abgebrochen wird, um keine Verlegenheit auszulösen, dem man anmerkt, daß er bald wiederkommt, ehe er vermißt wird; am zweiten, dritten Tag einsetzende Komplimente, und so weiter. Das Sprechen ist nicht so fein ausentwickelt wie das Schauen. Andrej zerriß das feine Gespinst solcher Verständigung in seiner Angst, keinen Erfolg zu haben.

Er achtete die Frauen nicht, er brauchte sie. Er gehörte zu den Männern, die den Geschlechtsverkehr am Rande der Sodomie sehen oder als Onanie unter Zuhilfenahme eines Frauenkörpers. Ich vermute, er ist ein schlechter Liebhaber, ohne Raffinement und Geduld, vergiftet von dem

Wahn, die Ejakulation in eine Frau würde ihn erlösen, würde etwas beweisen. Er brauchte Frauen, um der Katastrophe zu entgehen, die ihn jeden Tag bedrohte. Er wollte mir etwas beweisen, weil er sich selbst etwas beweisen mußte. Er konnte aussichtslosen Fällen Nächte opfern und nichts erreichen, nichts, nichts als vielleicht die Versicherung, ja, wärst du wenigstens morgen noch da, dann wäre alles anders. Diese Versicherung verschaffte ihm das Gefühl, dem großen Verhängnis, das über seinem Leben hing, gerade noch entkommen zu sein. Immer lag in ihm dieser riesige Löwe von Angst auf der Lauer, die schönen Frauen dieser Welt würden ihn nicht wahrnehmen. Daß sich eines Tages herausstellen könnte, keine der Frauen, die sich mit ihm einließen, habe ihn gemeint.

Gegen eine solche Angst hilft kein Gegenbeweis. Und wenn die Leiber schöner Frauen nicht nur dich bedecken, auch deinen Flur, den Fußboden deiner Wohnung und den Bürgersteig vor deinem Haus; wenn dir dreihundert Frauen, die du für schön hältst, hingerissen zuhören – du hast immer den Verdacht, es ist ein Mißverständnis, sie werden aufwachen und ihren Irrtum erkennen und gehen, zu anderen. Die anderen schon, aber du nicht, du bist es nicht wert. Oder sie sind nicht so gut, wie du gedacht hast, weil sie sich mit dir eingelassen haben. Andrej achtete sich selbst nicht.

In manchen Stunden, wenn er ausgeruht war, mag er vor dem Spiegel gestanden und sich erbittert gefragt haben, für wen nur sehe ich so gut aus? Für wen? Nichts passiert, wenn ich durchs

Hotel gehe! Er hielt sein Aussehen für eine Goldmine, an die er nicht herankam. Ein Armer erträgt die Armut um so besser, je aussichtsloser die Möglichkeit, am Reichtum teilzuhaben. Der Arme, der eine Goldmine besitzt, aber das Papier nicht findet, das seine Rechte beweist, leidet Qualen. Andrej wunderte sich insgeheim dauernd, daß die Frauen an der Straßenbahnhaltestelle, in der Untergrundbahn oder in der Bibliothek ihn nicht anflehten, mit ihm ins Bett zu gehen. Das ließ ihn fragen: Wollen sie vielleicht überhaupt nicht? Man muß sie zwingen, muß sie zerbrechen. Bin ich vielleicht in einem gigantischen Irrtum befangen? Sehe ich mich vielleicht ganz anders, als die anderen Menschen mich sehen? Etwas muß nicht stimmen mit meiner Art, mich zu sehen, sonst *könnten* nicht so viele Frauen gleichgültig bleiben. Andererseits konnte er sich dem Reiz seines Gesichtes nicht entziehen, wenn er in guter Form war, das war eine Gewalt, die ihn verblüffte, das war doch Realität, zum Teufel. Daß man diesen Schatz nicht mit anderen teilen konnte, das konnte einen wahnsinnig machen. Das Leben würde verstreichen, und er würde keinen Nutzen von dem Schatz gehabt haben, weil er irgend etwas falsch machte, ohne erfahren zu können, was er falsch machte. Er redet die Frauen zuschanden aus Angst vor einem verpfuschten Leben. Andrej war in seinem Leben nicht zu Hause. Obwohl er mit Ausdauer sicher eine große politische Karriere vor sich hat, kam er immer wieder darauf zu sprechen, daß er zur See gehen werde. Er hat mir den Schritt angekündigt für dieses Frühjahr, wenn dieses Buch erscheint. Seine Frau sagt, er wolle nur die Familie fliehen.

Er will vielleicht keine Beweise mehr gegen sich erleben müssen, was in Moskau unvermeidlich ist.

Fragen des Prestiges spielten eine wichtige Rolle in seinem Denken. Sein Lieblingsspruch: »Ich bin eine sehr wichtige Person vom Zentralkomitee der Jugendorganisationen der UdSSR.« Er erzählte mir, was er einmal dem Dolmetscher Wolodja Uliv gesagt hatte, der mich während meiner Winterreise begleitete. Wolodja war 23 Jahre alt, sprach gutes Deutsch, aber provozierte mich durch die Gewohnheit, jeder Aussage, die ich machte, zu widersprechen, und zwar reflektorisch, manchmal, bevor er verstand, was ich gesagt hatte. Dadurch entstanden die kindischsten Gespräche zwischen uns. Ich sagte zum Beispiel: »Die Rohre dort drüben sind von Mannesmann in der Bundesrepublik.« Schon ärgerte ich mich über mich, weil ich nicht meinen Mund gehalten hatte. Wolodja: »Nein, das sind sowjetische Rohre.«

»Woran siehst du das?«

Er sah es nicht, er wußte es nur. Ich ließ den Fahrer zu den Rohren fahren und bewies Wolodja, daß ich recht hatte. Ich kam mir albern vor dabei, aber ich mußte es tun, am Anfang der Reise, um sein Verhalten für den größeren Teil der Reise zu ändern – was mir auch gelungen ist.

In Estland fuhren wir in einer Winternacht aus der Stadt Kochtla-Järve hinaus und kamen irgendwo im Landesinneren an eine Straßengabelung. Niemand wußte, wie wir weiterfahren sollten zur Hauptstadt Tallinn, eine Strecke von hundert Kilometern. Der Himmel war klar, es war kein Problem, die Richtung zu finden. Ich erklärte, wir müssen nach rechts, denn der Polarstern steht hinter uns, und der zeigt nach Norden, also ist rechts Westen, und im Westen liegt Tallinn. Das wußten alle, daß Kochtla-Järve im Osten von Tallinn liegt. Anstatt zu übersetzen, wollte Wolodja mit mir darüber streiten, wo und was der Polarstern sei, woraus ich entnahm, daß er sich in seinem Leben mit keinen anderen Sternen befaßt hatte als mit denen, die er sah, wenn er eine aufs Auge bekam. Ich verlor die Geduld, ich verkündete: »Wo Norden ist, bestimme ich!«

Ähnliche Geschichten machte er auch mit Andrej, wie zu erwarten. Davon erzählte mir Andrej einige Tage später in Kunerma. Ich habe seine Aussage darüber, was er zu Wolodja auf dessen Eseleien hin gesagt hat, sofort notiert: »Ich kann deine Karriere sehr leicht stoppen, und dann wird es sehr schwierig für dich werden, wenn du in unserer Gruppe sofort die erste Person sein willst. Ich bin vom Zentralkomitee der Jugendorganisation der UdSSR. Du bist nur ein Dolmetscher, mehr nicht.«

Eines Abends hatte sich APN-Sascha in Andrejs Bett gelegt und war eingeschlafen. Andrej verbrachte die Nacht am Tisch sitzend mit dem Kopf auf den Armen. Er erwähnte das am nächsten Morgen nicht einmal, ich erfuhr es, weil sich irgend jemand darüber lustig machte, daß APN-Sascha so schwer geladen gewesen sei, daß er nicht einmal mehr nach Hause hätte gehen können – APN-Sascha und Karita, die Finnin, schliefen in der zweiten Herberge der Siedlung.

Wahrscheinlich hatte Andrej Tanja während der Nacht durch Sitzfleisch und Reden zerniert, sie sturmreif gesessen. Sie würde sich einfach aus Erschöpfung ergeben. Soweit würde ich nie gehen. Wenn eine Frau zusammenbricht, sich dann drauflegen, was ist das schon für ein Beweis?

Ich wälzte mich im Bett und hoffte, sie würden einen Fehler machen, der es mir erlaubte, mit einem Schrei aus dem Bett zu springen. Der Rauch zog trotz der »Menschlichkeit« durch die Tür in unser Zimmer bis an mein Bett. Wenn ich etwas hasse, dann ist es Zigarettenrauch; ich habe nicht aufgehört zu rauchen, um jetzt den Rauch anderer Leute zu rauchen. Ich versuchte zu verstehen, was sie flüsterten. In das, was du nicht verstehst, legst du alles, was du bist, die vernichtenden Urteile und die Verheißungen. Vielleicht beschwerte sich Tanja bei Andrej über mich. Ich achtete auf Laute, die einen Hinweis auf mich hätten geben können: der Westdeutsche, Bundesrepublik, München, der Freund, der Schreiber/Schriftsteller/Journalist, schreiben, Buch, der Gast – diese Worte verstehe ich im Russischen. Sie flüsterten zu undeutlich, ich verstand überhaupt nichts. Das anhaltende Zischeln quälte mich. Ich habe in jener Nacht nicht ganz herausfinden können, woran das lag. Daß Futterneid und Eifersucht eine Rolle spielten, setze ich voraus. Das allein hätte nicht gereicht, meinem Unbehagen solche Schärfe zu geben. Ich habe ähnliche Situationen erlebt, ohne daß es mich so erwischte. Ich glaube, ich empfand das Gezischel als einen Beweis schwerer Schäden meiner Persönlichkeit. Mit welcher Leidenschaft betrieben sie diesen Gedankenaustausch! Morgens um fünf, anderthalb Stunden vor dem Aufstehen, mußten sie noch miteinander sprechen, weil die

Zeit nicht reichte. Wie wichtig mußte das sein, was sie sich zu sagen hatten, daß sie eine ganze Nacht opferten mit Sprechen! Ich hatte diese Mitteilungslawine in Tanja nicht auslösen können; und sie nicht in mir. Warum war das so? War das ein Zeichen der Versteinerung? Und wie reagiere ich jetzt? Ich bin empört wie ein Spießer, daß sie meinen Schlaf stören, anstatt sie ein bißchen zu bewundern für ihre Leidenschaft und sie dafür ein bißchen zu mögen. Es ist kein Problem, eine ganze Nacht Unsinn zu reden, aber Unsinn zu reden, kann wichtig sein.

Ich hörte nochmals ein Streichholz. Das verstand ich als Absichtserklärung der beiden, noch länger zu flüstern, von dem, was dann folgen würde, vom Verzehr der Eroberung, vom Sitzsieg nicht zu reden. Für solche Fälle gibt es den Bademantel. Ich hielt eine Demonstration für angebracht, wenigstens eine Demo, keinen Krach, nur Leiden vorführen. Ihnen den Beweis erbringen, daß ich wach bin. Das Überziehen des Bademantels ist nicht zu hören, kann als Warnung gar nicht eingesetzt werden. Dafür schleifte ich die Sandalen mit den Füßen über den Stragulaboden. Ich wollte ihnen eine Chance geben, sich zu ordnen, bevor ich die Tür öffnete und die »Menschlichkeit« beiseitelegte.

Er saß auf ihrem Bett, in Hose und weißem Hemd, und rauchte. Das sah ich aus dem linken Augenwinkel, als ich das Zimmer durchquerte zum Flur, so viel Licht gab der Morgen schon her. Ich ging zur Toilette und zurück ins Zimmer und klemmte die Tür wieder in den Rahmen. Mich beschäftigte die Position, in der Andrej auf Tanjas

Bett saß. Er hatte mir den Rücken zugewandt, und er hatte Tanja und ihr Bett vor sich. Er mußte seine Beine über Tanjas Bauch geknickt oder gelegt haben. So zu sitzen, muß ziemlich anstrengend sein, dachte ich. Ich wartete auf die Früchte meiner Demonstration. Die Welt bestand noch immer aus Gezischel. Ich konnte schon die Uhrzeit auf meiner Armbanduhr erkennen und wartete immer noch auf Schlaf.

Es war Helgas letzte Stunde in der Gostiniza von Kunerma. Die beiden machten uns zu angstvollen Ohren. Jetzt reißen sie die letzten Stunden an sich auf unsere Kosten, trampeln uns zu Dreck. Die ganze Reise hat sie mir durch ihre infantile Vergnügungssucht vergiftet. Du mußtest aus München kommen, ein Riesenprojekt ankurbeln, das Ergebnis: die beiden haben ein paar schöne Stunden in Sibirien. Und du kannst noch nicht einmal richtig mit den Arbeitern sprechen, weil sie nicht weiß, was ein Nagel ist. Zuschlagen! schrie es in mir. Zuschlagen!

Ich stand wieder auf, öffnete die Tür und sagte, glaube ich, ziemlich genau das, was ich dachte. Tanja: »Wir haben ein ernstes Gespräch.«

»In der Nacht muß das nicht sein.«

Während ich mich wieder ins Bett legte, trat Ruhe ein, das Nebenzimmer war plötzlich leergelaufen. Ihre Bemerkung ging mir lange nach. Die Empörung hielt sich nicht. Frieden kehrte in mir ein, ich schlief noch eine Stunde. Der Neid hat gesiegt, dachte ich noch.

Tanja trällerte beim Aufstehen. Mir fiel eine Redewendung ein, die ich nicht leiden kann: ». . . für etwas gut sein.« Tanja ist für Überraschungen gut, dachte ich. Sie stand, zum Fenster gewandt, vor ihrem Bett, in ihrem kunsthonigfarbenen Morgenrock, der die Kniekehlen sehen ließ, hatte keine Taille und summte eine Melodie, mit einer Stunde Schlaf. Es war auch ihr Abreisetag. Sie sollte Helga nach Moskau begleiten. Ich hatte oft genug betont, daß ich sie nicht mehr sehen wollte, so hatte Helga in Ust-Kut, in Bratsk und in Moskau eine Hilfe.

Wir waren um neun Uhr in Ulkan. Jurij führte uns ins Nebenzimmer der Stolowaja zu einem Abschiedsfrühstück. Der Tisch war vorbereitet – Spuren von Jurijs vorangegangener Aufmerksamkeit. In zehn Minuten sollte nach dem Plan das Flugzeug in Juchta aufsteigen. Jurij meinte: »Bei uns in Sibirien gibt es keine Pünktlichkeit bei Flugzeugen.« Er telefonierte mit jemandem in jenem kleinen Blockhaus mit der roten Fahne und der Antenne, am Rande der Wiese. Es hieß, das Flugzeug fliege um elf.

Es gab Kaviar, eine Sorte, die etwas billiger ist und nicht exportiert wird; manchen schmeckt sie besser, sagte Andrej. Die Masse ist stärker zusammengepreßt, die Eier zerquetscht, es ist dasselbe Material.

Um elf erfuhren wir, das Flugzeug würde um ein Uhr fliegen. Andrej und Tanja drängten, ins Kaufhaus von Ulkan zu gehen, Einkäufe machen. Ich hatte keine Lust, schon das Wort »Einkäufe« war mir unangenehm. »Einkäufe«, »Kaffee«, »Kuchen«. Andrej bestand darauf. In Moskau, sagte er, kommen an jedem Tag bis zu zwei Millionen Besucher und kaufen unsere Läden leer. Du kannst hier an der BAM Dinge bekommen, die man in Moskau nicht findet. Für Helga ist es vielleicht auch interessant. Tanja wühlte sich gleich durch die Wäsche, es erinnerte mich an die Aufnahmen, die man bei uns im Fernsehen manchmal vom Sturm der Menschen in die Kaufhäuser sieht, wenn der Schlußverkauf eröffnet wird. Wenn einmal unsere Kultur untergegangen sein wird, werden spätere Forscher in diesen Bildern die Erklärung finden.

Vielleicht hat Helga in Moskau eine neue Mode eingeführt, im kommenden Sommer wird es sich zeigen. Nachdem Tanja in der Wäscheabteilung genug Arbeit hinterlassen hatte, um die beiden Verkäuferinnen eine halbe Stunde zu beschäftigen, suchte sie nach einem Sommerkleid. Sie fand nichts, was ihr gefiel. Helga schlug ihr vor, so ein himmelblaues Unterhemd aus Baumwolle, in denen sie gerade gewühlt hatte, mit langen Ärmeln und in einer Übergröße, als Kleid über den Hosen zu tragen. Ein Unterhemd verfremden, es als Sommerkleid anschauen, das faszinierte sie. Sie begriff sofort die Möglichkeiten, sich bei ihren Bekannten in Moskau den Ruf einer originellen, schöpferischen Persönlichkeit zu erwerben, einer Bahnbrecherin in Dingen des Kleidergeschmacks, wenn sie sich in einem Unterhemd aus Sibirien zeigen würde. Die Anerkennung kostete sie nur wenig, fast nichts.

Das traf sich günstig mit den Prinzipien, nach denen ihre Mutter sie erzogen hatte. Das arme Kind sollte sich nicht überanstrengen, das war ihr pädagogischer Lehrsatz. Wie Tanja mir erzählte, wurde sie von der Mutter »verzogen«. Sie verwendete selbst das deutsche Wort »verzogen«; sie hatte wahrscheinlich schon früher über das Thema nachgedacht. Sie kaufte ein halbes Dutzend jener Wäschestücke, die sich durch die Drehung einer Gehirnwindung in Kostbarkeiten verwandelt hatten.

APN-Sascha hatte über sie gesagt: »Sie gehört zu den Leuten, die das Pech gehabt haben, Kinder von hohen Funktionären zu sein, die von Erziehung nichts verstehen.«

»Kennst du ihre Familie?«

»Nein, als Moskauer sieht man ihr das an.«

»Ist das ein Problem für euch?«

»Es ist ein Problem. Wir werden damit fertig.«

Zwei der stärksten Eindrücke, die mir von Tanja geblieben sind; ich muß zugeben, sie erregten mich stärker als alle anderen. Wir saßen beim Frühstück im Gästezimmer der Speisehalle. Tanja trank Tee. Die Art, wie sie Tee trank, ließ mich alles ringsumher vergessen, so daß ich von jenem Morgen nichts anderes mehr vor mir sehe als ihre Untertasse, ihre Tasse und sie, vor allem ihre Hand. Sie hob die Tasse am Henkel, das heißt, sie hob nur den Henkel, schonte die Muskulatur des Zeigefingers und des Daumens, indem sie das ganze Gewicht der Tasse und des Tees erst hob, als der Teespiegel den Rand der schräggestellten Tasse erreichte, ein bißchen später noch, als der Tee schon über den Rand in die Untertasse rann. Mit schräger Tasse stemmte sie den Tee an den Mund. Sie ließ einen Schluck in sich hineinrinnen, wobei die Stellung der Tasse waagrechter geriet, einfach, weil es umständlicher ist, aus einer schräggehaltenen Tasse zu trinken. Die waagrechte Haltung gab sie nicht ganz auf, während sie den Arm zurücksinken ließ. Aber in der Teelache auf der Untertasse kam die dem Henkel gegenüberliegende Seite der Tasse früher an als die andere, als wäre die Trägerin zu erschöpft, die Tasse so lange zu halten, bis sie bei der Untertasse angekommen wäre, ohne den Tee schon in der Höhe herauströpfeln zu lassen wie Urin aus einer kranken Blase.

Nach dieser Entdeckung beobachtete ich sie beim Essen noch aufmerksamer. Ich war darauf gefaßt, daß sie eines Tages Gefahr laufen könnte, an einem Brocken Kartoffel oder Rindfleisch zu ersticken. Ich hatte mich schon immer gewundert – es hatte mich auch provoziert –, daß der Samowar auf dem Tablett auf der Anrichte meist in einer Wasserlache stand. Ich erklärte es mir mit einem Leck im Samowar. Deshalb unternahm ich nichts gegen die Beleidigung. Tanja pflegte uns manchmal Tee nachzuschenken, auch Jurij zuweilen, die beiden saßen der Anrichte am nächsten. Meistens machte es eine der Köchinnen, die ab und zu hereinschaute. Sie goß aus einer Teekanne starken Teesud in die Tasse. Die Kanne stand auf dem Samowar, der hielt sie warm; es war ein elektrischer Samowar, natürlich. Sie goß heißes Wasser aus dem Samowar auf den Sud. Dazu mußte sie den Hahn an der Unterseite aufdrehen. Und im Prinzip auch wieder zudrehen. Tanja ließ den Hahn halb offen. Das merkte ich erst an dem Morgen, als sie sich mit ihrer Teetasse an den Tisch setzte und den Hahn ganz offen ließ. Von dem Tag an brauchte ich Wasserlachen unter dem Samowar nicht mehr so häufig zu erleiden. Ich mußte die Verbesserung bezahlen, indem sie sich von mir immer wieder daran erinnern ließ, daß Wasser sich nicht schon deshalb in einen festen Stoff verwandle, weil sie keines mehr brauchte. Nach ihr das Sintflutchen. Wenn sie mehrere Tassen hintereinander eingoß, nützte meine Erinnerung nichts. Den Hahn um fünfundvierzig Grad zu drehen wegen der einen Minute, die verging, während sie die Tasse vom Tisch holte und den Sud hineingoß, das hielt sie für eine Verschleuderung ihrer selbst.

Andrej stand zwischen den Kleiderständern, völlig entstellt. Das Wort »weiden« drängt sich mir auf, wie eine Kuh auf der Weide kam er mir vor, er legte sich in die Waren, graste Jacken, Hosen, Mäntel. Ich bitte lieber meine Freundin, mir eine Hose zu kaufen, und gebe ihr meine letzte Hose mit. In letzter Zeit werde ich leider etwas elegant.

Das Kaufhaus, im Russischen »Magazin«: ein Holzflachbau, groß wie die Speisehalle; Fenster, aber keine Schaufenster. Es ist eine Verteilerstelle für Gebrauchsgüter, die Berechtigung zum Bezug weist man mit Geld nach. Der Bau hat zwei Eingänge, links betritt man den Selbstbedienungsladen für Lebensmittel, rechts kauft man alles andere: Textilien, Schuhe, Wäsche, Schreibwaren, Kosmetika, Schmuck, Fotoapparate, darunter einige interessante Spiegelreflexkameras, Schallplatten, Spielzeug, Haushaltswaren, Betten. Helga hatte vor Jahren in Moskau eine Pelzmütze gekauft und sie später verloren, oder sie war ihr gestohlen worden. Hier entdeckte sie sie wieder, schwarzes, glänzendes, weiches Fell, für fünfzehn Rubel (45 Mark). Ein kleiner Freudentaumel erfaßte sie. Wir kauften die Mütze sofort. Ich bin dazu verurteilt, immer Schreibhefte zu kaufen. Wenn ich an jedem Tag anderthalb Druckseiten schreibe, komme ich mit meinen Heften zehn Jahre aus. In meinem Schrank liegen außer westdeutschen Heften Hefte aus der DDR, luxemburgische, österreichische, italienische, spanische, französische, griechische, estnische, moskowitische, tadschikische und usbekische. Ich kaufte mir ein dickes DIN-A-4-Heft mit braunem Kunststoffeinband. Das Papier ist genau richtig für mich, die Tinte trocknet schnell und fließt nicht; auf weißem, hartem Papier steht die Tinte zu lange herum, man kann nicht umblättern, der Gebrauch eines Löschblatts ist mir zuwider, trocknet man die Tinte ab, wird das Schriftbild an der Stelle heller. Das harte Papier nimmt auch die Feder nicht so an, die Ränder der Buchstaben zerreißen.

Verpackungsschick gibt es nicht in der Sowjetunion. Jurij gab mir einmal zwei Kopfschmerztabletten. Sie waren eingepackt in dünnen Karton mit dem entsprechenden Aufdruck, das Schächtelchen war genau so groß, daß die beiden Tabletten ohne Spielraum hineinpaßten. Verpackungsschick kostet Arbeit. Die freudigen Erwartungen, die in unseren Häusern durch das Rascheln feinen Einwickelpapiers ausgelöst werden, müssen in der Sowjetunion auf andere Weise entstehen. In Einkaufszentren im Landesinneren Spaniens sieht es ähnlich aus. Obst und Gemüse hatten das Aussehen wie in den teuersten Einkaufsstätten bei uns, wie in den Reformhäusern. Wir gingen hinaus und warteten im Auto zwanzig Minuten auf die anderen. Andrej kam wieder mit einem Paar schwarzer Halbschuhe und einem Anzug aus Jeansstoff.

Als wir auf die Wiese zufuhren, sahen wir durch die Scheiben eines Doppeldeckers die Fahrgäste. Andrej hielt sich nicht lange vor dem Schalter im Blockhaus auf, er rannte zum Flugzeug und verhandelte mit dem Piloten. Der Pilot war einverstanden, die beiden Frauen noch mitzunehmen. Inzwischen versuchte Jurij, Flugkarten zu bekommen. Wir trugen das Gepäck ans Flugzeug und warteten. Ich schaute ins Haus, mir dauerte es zu lange. Jurij debattierte nervös mit einem uniformierten Angehörigen der staatlichen Fluggesellschaft »Aeroflot«. Laß sie streiten, dachte ich, ich schaue mir die Landschaft an. Der Kapitän ließ den Motor anlaufen, aus den schenkeldicken Auspuffrohren schoß ein blauer Sturmwind. Ich renommierte herum: Die fliegen nicht ohne euch! Der Apparat fegte eine Kurve zur Ausgangsstellung. Eine kleine Weile stand er da, sammelte sich. Er rollte los, es sah aus, als wüßte er nicht so recht, ob er sich entschließen sollte, zu steigen, er hüpfte ein bißchen. Nach einem etwas höheren Hupfer schien er sich zu sagen, ach was, quatsch, ich hau jetzt ab! Das kleine Ding bohrte sich in den riesigen Himmel. Ein redlicher Arbeiter.

Ich ging mir wieder den Streit anschauen, im Freien war es jetzt so langweilig. Jurij und der »Aeroflot«-Offizier redeten laut mit gequälten Gesichtern aufeinander ein. Ich glaubte zu verstehen, daß Jurij sagte, der andere sei ein unbeweglicher, rechthaberischer Paragraphenreiter, und daß der Uniformierte Jurij einen Hooligan nannte, einen Gammler, weil er sich nicht an die Zeiten hielt. Es war deutlich, der »Aeroflot«-Mann wollte Jurij erziehen.

Wenn der Himmel bedeckt ist und die Wolkendecke auf eine bestimmte Niedrigkeit über der Taiga sinkt, fliegen sie nicht. Man kann am Tag vorher nicht sagen, ob man nach Ust-Kut mit dem Auto fahren wird, bis spät in die nächste Nacht, oder ob man fliegt, in einer Stunde. Jetzt fährt auch der Zug.

In zwei Stunden gibt es noch einmal ein Flugzeug, sagte die Autorität mit einem Gesicht, welches den Satz ergänzte durch die Worte: obwohl ihr es verdammt nicht verdient habt. Es gab auch eine Frau in dem Betrieb, sie machte die Schreibarbeit, sie stellte Jurij zwei Flugkarten aus, für einundzwanzig Mark pro Karte.

In der Ferne sah man dauernd ein Wasser. Irgend jemand von uns machte den Vorschlag: Laßt uns die zwei Stunden dort hingehen, vielleicht kann man in dem See baden. Wir gingen an der Wiese entlang und durch ein Haferfeld. Jurij ließ sich von Wladik nach Ulkan fahren. Der See war ein Fluß, breit wie der Rhein bei Köln. An einer flachen, kiesigen Uferstelle lagen Boote mit Außenbordmotoren. Ein Mann aus dem Dorf kam vorbei, wir fragten ihn, wie heißt denn der Fluß hier? Kirenga, sagte der Mann ohne Gemütsbewegung. Das Wasser sauste leise dahin. Seine Klarheit traf mich wie ein Schlag. Ich hatte nicht mehr im Gedächtnis, daß eine solche Menge Wasser so klar sein konnte, wie Wasser im Zahnputzglas. Mir schien, der Fluß holte die Konturen der Steine schärfer heraus, als sie es auf dem Trockenen gewesen wären.

Andrej wollte mit einem Boot auf den Fluß hinausrudern. Ich bin ein Seemann, rief er aufgeregt. Seemann kann sein, dachte ich, Flußmann nicht. Sieht er denn nicht, daß die dahinrasende Flut zu viel für ihn ist? »Mach es nicht«, sagte ich. »Das Wasser trägt dich weg. Du kannst dich nicht dagegen behaupten.« Ah, ich widerspreche? Sehr gut. Das war eine günstige Gelegenheit, mir eine Leistung zu beweisen, die ich ihm nicht zutraute. »Ich bin ein Seemann, ich bin es gewohnt, mit Rudern umzugehen.« Er hatte jetzt jedenfalls eine Aufgabe. Er ging zum nächsten Haus, um zu fragen, ob er das Ruderboot benutzen dürfe. Er kam mit einem jungen Mann wieder. Sie trugen das Boot von der Böschung ins Wasser. Andrej bot uns an, uns auf dem Fluß spazierenzurudern. Ich fand die Vorstellung erschreckend. Wir standen zu dritt auf der Böschung und beobachteten ihn. Obwohl er uns den Rücken zuwandte, sah man ihn plötzlich staunen. Er hatte sich kaum mehr als einen Meter vom Ufer entfernt. Seine Arme hatten die Botschaft empfangen, sie arbeiteten auf einmal ganz schnell. Es nützte nicht viel. Bei äußerster Anstrengung konnte er das Boot gerade auf der Stelle halten. Er hielt die schnellen Ruderbewegungen nicht immer durch, ab und zu mußte er nachgeben, sofort glitt das Boot einige Meter flußabwärts.

Die Kirenga entspringt, wie die Lena, in die sie weiter im Norden mündet, im Baikalgebirge. Das lange, steile Gefälle verleiht ihr den Schwung. Die Quellen der Kirenga und der Lena sind kaum achtzig Kilometer voneinander entfernt.

Mit einer unästhetisch aussehenden Schinderei rückte Andrej das Boot nah am Ufer Zentimeter um Zentimeter zur Anlegestelle zurück.

In Gesichtshöhe sehe ich in meinem Gedächtnis vier Zweierreihen von Segeltuchsitzen hinter dem Piloten, auf der rechten Seite des Flugzeuges, links vier einzelne Sitze hintereinander, und Gepäck und Passagiere. Dahinein verloren wir die beiden Frauen. Ich hoffte, ich würde zurück nach Ust-Kut auch fliegen können. Wir hatten uns verabschiedet. Tanja stieg noch einmal aus und umarmte mich. »Ich habe viel von dir gelernt. Ich danke dir für alles. Du wirst sehen, alles wird noch gut werden. Auf Wiedersehen in Moskau. Melde dich bitte bestimmt.«

Als ich »nach Hause« kam in mein Zimmer, war der elektrische Heizkörper hinausgetragen worden. Es wurde abends kühl. Helga war Gast auf noch höherer Stufe.

Nach dem Abendessen erklärte Andrej, am Morgen komme eine Gruppe wichtiger Funktionäre aus Irkutsk. Wie wollen wir schlafen? Ich Berschrak. Nun kam mir Helga vor wie eine Beschützerin, die ich verloren hatte.

Wo wollen wir schlafen?

Helga war fort, jetzt sollte ich auch noch einen fremden Menschen in mein Zimmer bekommen. Ich deutete an, daß er, Andrej, in meinem Zimmer schlafen könne. Weiter wollte ich nicht gehen. Er komplizierte die Geschichte, indem er bemerkte: »Oder Jurij.«

Jurij gab das Angebot an Andrej zurück, man sah seinem Gesicht an, daß er bereits an der Vorstellung Gefallen gefunden hatte, in dem Zimmer zu schlafen.

Dann fiel den beiden ein, daß Wladik, der Fahrer des Komsomol-Stabs von Usk-Kut, also

»unser« Fahrer, noch aus ihrem Zimmer verlegt werden müsse. Die Irkutsker Gruppe sollte das Zimmer für sich allein haben.

»Das ist kein Problem«, sagte Andrej plötzlich und führte Jurij hinaus. Es blieb offen, ob es kein Problem war, Wladik woanders unterzubringen oder noch jemanden zu mir ins Zimmer zu legen, eine dritte Person. Da muß noch etwas in den Köpfen der beiden vorgegangen sein, das ich nicht erkannte. Andrej hatte gesagt, es wäre am besten, wenn wir alle zusammen in einem Zimmer schliefen. Ich ging darauf nicht ein. Vielleicht haben die beiden dadurch den Mut verloren, mich aus meinem Zimmer zu bitten. Freiwillig gehe ich nicht. Ich habe Angst, mit anderen in einem Zimmer zu schlafen. Zu Hause habe ich Wände und Plafond des Raumes, in dem ich schlafe, mit dicken Korkplatten gegen Außengeräusche bedeckt. Wenn ich nachts ins Bett gehe, tue ich es mit der Gewißheit, daß ich nicht durch eine Störung geweckt werde, daß nur Ausgeschlafensein mich wecken wird; daß ich aufhöre, nicht unterbreche. Ich habe eine Garantie. An dieser Garantie hänge ich. Sie bedeutet, ich bin der Herr des nächsten Tages. Wache ich eine Stunde zu früh auf, kann mich das den halben Tag kosten. Lebte ich auf dem Lande, wäre das anders. Ich könnte mit meinem unbrauchbaren Befinden die Holzhütte richten oder Zwiebeln setzen. Wenn du in einer Wohnung lebst, die um einen Schreibtisch herumgebaut ist, wenn du in einer Großstadt lebst, die um deinen Schreibtisch herumgebaut ist, wenn du nichts anderes tun kannst als schreiben – schreiben geht nicht; Holz hacken geht, Schweine füttern, Säume bügeln,

Gußteile fräsen, das geht. Unausgeschlafen am Schreibtisch sitzen mit dem Zwang, etwas zu produzieren, ist nutzlose Qual.

Wenn ich es versäumt habe, Vorkehrungen zu treffen, um meinen Schlaf zu schützen, sei es, daß ich vergessen habe, die Tür zum Arbeitszimmer zu schließen, in dem das Telefon steht – oh, über das Telefon wäre viel zu sagen! –, sei es, daß das Fenster offengeblieben ist und die Müllfahrer zwischen sechs und sieben Uhr morgens ihre verschiedenen Metallarten zum Schwingen bringen, dann bleibt mir nichts anderes übrig, als darauf zu warten, daß meine Brauchbarkeit wieder einsetzt. Ich lese solange, bis ich wieder einschlafe, es gibt genug Leseversäumnisse aufzuholen. Wenn ich dann schlafe, schlafe ich mit korrekt gefertigter Abschirmung. Wenn ich aus diesem Schlaf erwache, arbeite ich. Dann ist es Mittag. Es ist ein Schaden, der mir entsteht, wenn ich geweckt werde. Seine Versicherungsfähigkeit ist nur ein mathematisches Problem.

Für jemanden, der ein Buch schreiben will über das Leben sowjetischer Arbeiter in der Taiga, sind diese Empfindlichkeiten ein Unglück. Und Bedingung. Solche Gewohnheit schafft Angst auch in Situationen, wo die Angst keinen Sinn hat. Ich wollte am nächsten Morgen nicht schreiben, es sei denn mit dem Gleisheber. Der Vorfall zeigte mir, welche Privilegien ich in der Siedlung genoß.

Einige Tage später tauchte abends »Salvador Dalí« in der Gostiniza auf und wollte Schlafplätze. Ehe ich noch ein Wort verstanden hatte, wußte ich, daß es darum ging. Ein rücksichtsloser Schnurrbart, gefräßige schwarze Augen. Er redete in aggressiver Art auf Jurij ein. Jurij mauerte. Das heißt, er blinzelte hinter seinem dicken Brillenglas. Nach Ton und Haltung hätte das, was »Salvador Dalí« sagte, heißen können: Stell dich nicht so an, du alter Scheißer, sollen die Leute im Freien schlafen? Ich arbeitete währenddessen daran, meinen Schrecken abzutragen. Zwei Lastwagenfahrer hatten schon zu wenig Schlaf gehabt in der Nacht zuvor, sie wollten so spät nicht mehr nach Ust-Kut zurückfahren, sie wären morgens um acht oder neun oder zehn Uhr angekommen, hätten während der Nacht auch das Problem gehabt, Treibstoff zu bekommen. Sie hatten ihre Betten dabei, sie suchten einen Aufstellplatz. Die Betten wurden in dem Zimmer aufgestellt, in dem Jurij und Wladik schliefen und der Bahnhofsvorsteher ohne Bahnhof. Jurij schlief in meinem Zimmer. In bestimmten Situationen verwandele ich mich in einen Schwerbeschädigten. Ich möchte jetzt gerne den Gedanken für richtig halten: Man wird durch Privilegien zum Invaliden. Es klingt hübsch. Wenn ich mich von innen sehe an jenem Abend, sehe ich mich wie einen Kranken. Ich hatte nicht die Kraft, darauf zu bestehen, daß die beiden Fahrer ihr Bett in meinem Zimmer aufstellten. Das wäre das einfachste gewesen.

In der folgenden Nacht, als die Funktionäre angekommen waren, schlief Andrej in Helgas Bett. Es ereignete sich die Katastrophe, die ich befürchtet hatte, in den Morgenstunden schnarchte er. Der Mensch ist der einzige Klangkörper der Welt, der durch Herumliegen in Dröhnen verfällt, in Rasseln, Krachen, Fiepsen, Gurgeln. Einige Tage später bot sich mir die Gelegenheit, die Geräusche Andrejs zu vergleichen mit denen, die Jurij produzierte.

Manchmal noch unternehme ich es, herauszubekommen, ob ich mich damit abfinden muß, daß das meine schwache Stelle bleibt. Ist es nicht vernünftig und gut, daß ich mich damit abfinde? Es ist ja offensichtlich, daß ich mit mir in diesem Punkt nicht zufrieden bin. Daß das Gurktal da noch Forderungen an mich richtet, als hätte sich in den letzten Jahrzehnten nichts geändert. Wem ist mit Grundsätzen geholfen?

Stalin soll selten vor Mittag aufgestanden sein und bis zwei Uhr morgens gearbeitet haben. Eine Weltmacht kann man nach zwölf Uhr mittag regieren, eine Reinigung nicht.

XV

Die Kurven des Gleises, das windungssüchtige Eisen. Das Luder ist lebendig wie eine Schlange, wenn man sich erst einmal näher mit ihm beschäftigt. Wenn man es mit der Nase berührt, wie unser Brigadier. Viele werden sagen, es ist nicht notwendig, daß die Menschen wissen, was unter ihnen vorgeht und vorgegangen ist, wenn sie in einem Reisewaggon sitzen und über die Stellen rollen, die unsere Brigade in eine einigermaßen gerade Linie gezwungen hat. Ich bin nicht dieser Meinung. Seit meiner Gleisarbeiterzeit an der zweiten transsibirischen Eisenbahn sitze ich anders in meinem Abteil, wenn ich verreise. Das mag wie Kauzigkeit wirken auf Leute, die nie an einem Gleis gearbeitet haben wie an einem Text. Und die nicht ausreichend über die Frage nachgedacht haben, was die Werkzeuge mit den Menschen machen. Als ich Schriftsetzerlehrling war, fuhr mich einmal jemand in der Pause an: Du weißt doch gar nicht, was du ißt, wenn du dabei liest. Es sollte keiner mehr mit der Eisenbahn fahren, der nicht eine Woche an den Schienen gearbeitet hat. Er weiß sonst nicht, was er tut.

Der Gedanke: Das geht mich nichts an – ist Selbstverstümmelung. Jedes Werkzeug, das man benutzt, ohne es zu kennen, erniedrigt einen. Man kann alles verstehen, was Menschen gemacht haben. Was man nicht versteht, sind Versäumnisse, die einen in Unmündigkeit halten.

Mancher sagt jetzt, man kann nicht alles verstehen wollen. Mit dieser unbegründeten Mutlosigkeit fängt das Malheur schon an, das Einverständnis mit der eigenen Unmündigkeit. Man kann alles verstehen, womit sich Menschen umgeben haben. Wie entsteht eine Maschine, wie wird ein Haus gebaut, wie entsteht ein Buch, wie wird eine Stadt geplant, wie funktioniert eine Verwaltung, im Land, in der Gemeinde, im Staat, warum gibt es Verwaltung, was ist Bürokratie, wie verläuft der Weg einer Behauptung in ein Lesebuch, wie entsteht ein Gesetz, wie komme ich zu Bananen, warum gibt es Computer, wie werden Computer gemacht, wie funktionieren Computer, wie wird man Hochschullehrer, was ist Vanadiumstahl? Es ist kein Problem, diese Dinge zu lernen. Je mehr man von diesen Dingen versteht, um so größer die Freude am Leben. Je weniger, um so größer die Unmündigkeit und die Abhängigkeit von anderen. Wer diese Fragen nicht beantworten kann, kann zur Entwicklung der Demokratie nicht viel beitragen. Je mehr Barbaren in einer Gesellschaft, um so größer der Machtmißbrauch, nicht die Machtmißbrauchmöglichkeiten, nein, Machtmißbrauch.

Viele solche Erfahrungen wie die, daß man mit dem Körper ein Gleis nachtasten kann, während man in den Polstern sitzt und die Zeitung liest, schaffen eine bestimmte Haltung dem Leben gegenüber. Wer viel durchschaut, will mehr durchschauen. Das Nichtdurchschauen gewöhnt man sich an wie Trinken. Das Nichtdurchschauen reduziert einen. Persönlichkeit ist etwas Bewegliches, man kann sie kleiner oder größer machen, je nachdem, wieviel man sie verstehen läßt von dem, was verstanden werden kann. Dazu gehört auch, daß man versteht, wie das Verstehenwollen entsteht. Man muß Mitleid haben mit Menschen, die noch nie ein Gleis gerichtet haben.

Man wird leicht in den Sitz gestupst, weil der Schotter unter der Anschlußstelle der Schiene nicht aufgefüllt worden ist, das erfaßt man im Bruchteil einer Sekunde, während man in die Zeitung schaut. Man versteht, warum man gestupst wird, jetzt will man verstehen, wenn man eine Nachricht liest, warum machen die das eigentlich? Warum wird man durch die Entscheidungen anderer gestupst? Man gewöhnt sich das Verstehenwollen an wie das Duschen. Man ist kein gebildeter Mensch, wenn man kein Arbeiter war. Was einem fehlt, sind die Veränderungen, die durch den Widerstand hervorgerufen werden, den Holz, Metall, Fasern, Steine und Farben bieten, bis sie ein Gebrauchsgegenstand sind. Es sind Lehren, die man auf andere Weise nicht erwerben kann. Es gibt unter meinen nur akademisch gebildeten Kollegen eine erstaunliche partielle Idiotie, als Folge davon Brutalität im Umgang mit Sachen, das setzt sich dann fort als Angst vor Menschen; die Kehrseite der Angst ist Grausamkeit. Mir ist immer vorgekommen, daß einseitig ausgebildete Intellektuelle grausamer sind als Arbeiter, auch im Umgang mit ihresgleichen.

Die Schiene wehrt sich nicht nur nach oben und unten, sie wehrt sich auch nach rechts und links, das heißt, man wird im Abteil auf die Seite geschleudert.

Eines Morgens teilte sich die Brigade in zwei Reihen. Jeder hielt eine Eisenstange in der Hand, mannshoch, mit einem Durchmesser von vier Zentimetern, schätze ich. Wir stellten uns in gebeugter Haltung an die Schienen, jeweils eine Hälfte der Brigade an eine Schiene. Zwischen den Beinen die Eisenstange, schräg zwischen zwei Schwellen unter die Schiene in den Schotter gestoßen und angezogen bis an die untere Schienenkante, die Füße nebeneinander in dem Graben zwischen zwei Schwellen, so verharrten wir und warteten auf das Kommando des Brigadiers. Bei »Eins!« rissen wir die Stange nach oben und verschoben dadurch das Gleis seitwärts, um einen Zentimeter, um anderthalb.

Manchmal reichte das nicht aus, eine Krümmung zu beseitigen, dann hinderte uns das Ausbleiben des Kommandos »Vorwärts!«, die Eisenstangen unter der Schiene hervorzuziehen und weiterzumarschieren, zur nächsten Korrektur.

Das Kommando lautete »Ras! Dwa, tri.« »Ras!« schrie er, als würde sich der Kraftaufwand beim Schreien auf das Gleis auswirken. »Dwa, tri« sprach er schon zu sich selbst. Wir brauchten das »Dwa, tri« nicht mehr, wir hatten mit »Ras!« alles getan, was zu tun gewesen war. Der Brigadier brauchte es, um von dem Schrei herunterzukommen, das »Dwa, tri« war sein Ausschwingen.

Das Kommando zeigt, wie schnell das Gehirn arbeitet. Es ist nicht nötig, die gemeinsame Aktion erst mit »drei!« auszulösen. Das wäre uns vorgekommen wie Verschwendung kostbarer Zeit. »Ras!« genügte. Die Tausendstelsekunde, die das russische »R« rollte, genügte uns, bis zum »s« Arme und Körper zu spannen und die Eisenstange gegen die Brust zu reißen, und zwar alle gleichzeitig. Nur ich war noch nicht so gut trainiert, manchmal ruckte ich hinterher.

Unser Gehirn leistete noch mehr. Es registrierte und dosierte den Kraftaufwand nach der Lautstärke des Kommandos, obwohl der Ruck mit der Eisenstange fast zusammenfiel mit dem Kommando. Der Brigadier richtete die Lautstärke, in der er »Ras!« schrie, nach der Größe der Kurve, die aus dem Gleis herausgerissen werden mußte. Es kam vor, daß er »Ras!« nicht mehr schrie, nicht rief, daß er »Ras!« sagte. Manchmal verschätzte er sich, vielleicht, weil das Material weniger nachgiebig war, setzte seine Stimme zu leise an, und die Gleisberichtigung fiel zu schwach aus. Er mußte dann noch einmal »Ras!« sagen, sprechen. Dabei machte er manchmal, in dem Bestreben, den ersten Fehler auszugleichen, den zweiten Fehler und rief zu laut, und wir rissen das Gleis zu weit nach der Seite. Dann zogen wir die tönenden Eisenstangen heraus, drehten uns um uns selbst, machten einen Schritt auf die andere Seite der Schiene, und »Ras! Dwa, tri« im Plauderton brachte das Zuviel an Lautstärke im Schienenlauf wieder zurück.

Wenn meine Reihe an der Außenseite des Gleises stand, sah ich, wie sich die Stirnseiten der Schwellen vom Schotter zurückzogen, wie ein dunkler Spalt entstand: das war das Erfolgserlebnis.

Der Brigadier gab seine Kommandos aus einer Entfernung von zwanzig, dreißig Metern. Er ging in die Hocke, dadurch schob sich ihm die unerwünschte Krümmung zu größerer Deutlichkeit zusammen. An manchen Stellen war er sich nicht gleich im klaren darüber, ob er die Brigade noch einen Meter weiterrücken lassen sollte oder ob es besser sei, sie zurückzurufen. Wir glotzten gebückt einige Sekunden vor uns in den Kies, der Panzerfahrer rempelte Lida an der Hüfte. Ich besorgte mir einen Lacher, indem ich russisch in die Stille sagte: »Er denkt.« In solchen Pausen sagte Wera, die Moldauierin, nach einer Weile leise mahnend: »Vorwärts!« Bald stand mir der Schweiß auf der Stirn. Allmählich häuften sich Kleidungsstücke auf dem Schienenroller.

Einige der Arbeiter hatten eine solche Kraft, daß sie die Eisenstange während der Arbeit verbogen. Sie nahmen sie von Zeit zu Zeit wie eine Rute und schlugen sie über eine Schiene, bis der Bogen herausgeschlagen war. Jurij bog seine Stange fast zum Viertelkreis; ich meine, das wäre nicht nötig gewesen. An meiner Stange stellte ich niemals irgendeine Veränderung fest.

Sascha Kaminski brachte eines Tages als Geschenk für Jurij einen Klumpen Eisen in die Gostiniza, eine gußeiserne Kugel mit einem Griff. Der Batzen wog 25 Kilo. Jurij packte den Klumpen mit einer Hand und stemmte ihn zwanzigmal. Dann mußte er aufgeben, ab zwölf war er schon auffallend langsamer geworden. Er hätte gerne die Leistung des etwas kleineren Sascha erreicht. Sascha hatte die Kugel zuvor vierzigmal gestemmt. Ich wollte verstehen, was die beiden geleistet hatten, ich glaube, ich schaffte den Brocken keine viermal.

Schaut man sich Sascha Kaminski an, versteht man die Entstehung von Sagenfiguren wie David, der gegen Goliath siegte. Ich habe mir schon länger vorgenommen, ihn zu beschreiben, schon bei der Geschichte mit der Geburtsregistrierung; dann wäre eine gute Gelegenheit gewesen, als ich erwähnte, wie er mit dem Gleisheber den Raum zwischen zwei Schwellen ausräumte. Ich habe es verschoben, ich habe nicht gesehen, wie ich dem Leser die Langeweile ersparen sollte. Ich will mal von hinten anfangen. Kaminski ist einfach der vollkommene Mensch, ein Vorbild für die Gemeinschaft, für einen frivolen Westmenschen von langweiliger Vollkommenheit. Er hat eine abgeschlossene Universitätsausbildung als Jurist. Man sieht ihm seine legendäre Kraft nicht an. Er gehört zu den schönsten Männern, die ich gesehen habe, aber ohne herausfordernden Gestus. Er schüchtert niemanden ein und ist nicht einzuschüchtern. Ihn lieben Mäuse und Sterne. Intelligent, ohne Intellektueller zu sein. Er ist nicht erkennbar eitel. Er ist ein Kamerad, niemals habe ich bei ihm den Versuch erkannt, andere zu einem Wettbewerb herauszufordern, um zu zeigen, daß er besser ist. Er ist hilfsbereit. Er scheint so gute Nerven zu haben und so viel Energiereserven, daß er einiges davon abgibt, ohne das als gute Tat zu werten. Ich habe ihn nie gereizt gesehen. Seine Höflichkeit ist gescheit, er sagt Freundlichkeiten, die man glauben kann. Als die Diskussionen um den Brigadier begannen, fragte ich ihn nach seiner Meinung über den Brigadier. Sascha: »Überall gibt es gute Leute. Und es gibt sehr gute Leute.« Er spricht leise und mit weicher Stimme.

Er ist der Mensch, der dich hundert Kilometer durch die Taiga trägt, wenn du ein Bein gebrochen hast, und sich dann hinsetzt und eine Doktorarbeit schreibt mit summa cum laude. Menschen wie Sascha Kaminski machen mir Appetit auf Moral.

Wenn ich das sage, fällt mir auf, die ganze Brigade machte mir Appetit auf Moral. Es fällt mir jetzt leichter, mir Dinge zu verbieten.

XVI

Sonntag. Von Anatol zum Essen eingeladen. Er empfängt uns in schwarzem Anzug. Er ist leider etwas feierlich und verliert dadurch von seinem Charme. Ich sehe zum ersten Mal die Wohnung eines Ehepaars. Im Vorraum eine Versammlung von Schuhen und Hausschuhen. Anatol schiebt mir seine Hausschuhe hin, er findet auch noch welche für sich. Küche, Flur, zwei Zimmer. Das Paar hat einen Sohn, zirka fünf Jahre alt. Jurij wird sich bald die meiste Zeit mit ihm beschäftigen. Die Räume sind ausgelegt mit Teppichen, die Wände tapeziert, wie bei uns im Gästehaus, und mit Teppichen aus Mittelasien behangen. Ähnlich sieht es bei Boris aus.

»Hildegard Knef« ist auch da. Der Tisch ist vollgestellt mit Gedecken, Gläsern, Wodka.

Anatol ist Foto-Amateur, er entwickelt seine Fotos selbst. Er hat ein kleines Labor. Er zeigt mir seine Bilder. Sie sind nichts Überdurchschnittliches. Vielleicht sind sie für seine Herstellungsverhältnisse grandios, das kann ich nicht beurteilen. Er scheint stolz auf sie zu sein, Anerkennung zu erwarten. Ich lobe sie trocken und kurz.

Auf seinen früheren Bildern trägt er lange Haare. Er ist ein renitenter Typ. Er läßt sich nichts bieten. Man sieht es seinen Mundwinkeln an und seinen blauen Augen, die ständig zu fragen scheinen: Is was? Er war der einzige in der Brigade, vor dem ich zurückscheute.

Anatol und seine Frau kommen vom Schwarzen Meer. Wenn die BAM fertig ist, gehen sie nach Hause. Valentina ist Kinderärztin, das erfahren wir kurz, bevor wir gehen. Bis jetzt arbeitete sie in der Speisehalle oder im Magazin, ich habe es vergessen. Die Siedlung baut eine Kinderkrankenstation, sie wird sie übernehmen. Ich frage sie, wie ich jeden frage, warum sie gekommen sind, die Bahn zu bauen. Sie finden, es ist ein interessantes Leben, eine große Sache, ein Jahrhundertbauwerk, da wollen sie dabei gewesen sein. Anatol wurde ausgezeichnet als »Udarnik kommunistischer Arbeit« (»hervorragend guter Arbeiter«, »Aktivist«). Er ist nicht Mitglied der Partei.

Ich erzähle Anatol, wie die Geschichte mit dem Kohlenwaggon ausgegangen ist, er war fast bis zum Schluß der Diskussion dabeigewesen. Ich erzähle ihm, daß der Brigadier nach seiner Heldenschau verschwunden ist. Anatol: Wenn er so etwas noch einmal macht, wählen wir ihn ab. Später, am Abend, erfahre ich von Jurij, Mitglieder der Brigade klagen, der Brigadier vertrete ihre Interessen gegenüber der Verwaltung nicht energisch genug. Manche möchten lieber Sascha Kaminski als Brigadier. Die Brigade ist erst vor fünf Wochen gegründet worden. Kaminski weiß genauer, was die Brigade will, er ist zielstrebiger, konzentrierter, hartnäckiger.

»Hildegard Knef« heißt auch Valentina. Im Verlaufe des Essens steigt meine Bereitschaft, mich in sie zu verlieben. Sie kommt aus Alma Ata. Sie schwärmt von der Stadt, es sei die schönste Stadt, die sie kenne. Dort war sie Leiterin einer Kantine. Sie war nach Kunerma gekommen, um ihre Schwester zu besuchen. Sie ist geblieben. Jetzt ist sie Brigadier einer der beiden Brigaden der Stolowaja.

Ich frage sie, von wem sie ihr Geld bekommt. Tanjas Gesicht gerät in neuartige Bewegungen, verschiedene Aussehen lösen einander darauf abrupt ab; ihr letztes Dia: sie begreift, daß die Frage gestellt werden kann. Sie gibt sie weiter. Alle Anwesenden diskutieren daraufhin eine Stunde. Valentina weiß nicht, woher sie ihr Geld bekommt.

Tanja erklärt die Vorführung der Erdgeschichte auf ihrem Gesicht damit, sie habe nicht gewußt, wie sie meine Frage weitergeben solle.

Ich mache Aufnahmen in der Wohnung, vom Ehepaar, vom Kind, von dem mich mit seiner Kamera aufnehmenden Anatol, von »Hildegard Knef«. Sie schaut spröde. Hinter ihren Lippen schlafen Vulkane.

Um fünf Uhr nachmittags gehen wir. Ich muß dringend auf die Toilette, und Toilette heißt raus, ins Freie, in ein Häuschen. (Tanja sagt »Höschen«, wie sie »Möschen« sagt statt »Mäuschen«.) Ich spüre den Wodka. Während des Essens hat jemand weiße Tücher über die Berge gebreitet. Offiziell ist es Sommer.

Im Abfalleimer sehe ich leere Bierflaschen aus der CSSR. Ich erzähle, daß wir in der Bundesrepublik leere Bierflaschen zurückgeben. Was für eine Verschwendung, sage ich, Flaschen wegzuwerfen. Was für eine Verschwendung, sagt jemand, die Flaschen von Ostsibirien 7000 Kilometer in die Tschechoslowakei zu transportieren. Dagegen ist schlecht etwas zu sagen.

An einem Sonntagmorgen sagt Andrej, wir

waren schön blöd, daß wir gestern abend nicht die Kochplatten des Küchenherdes eingeschaltet haben. Er schaltet alles ein, auch die Bratröhre. Ich erkläre ihm, daß ich Schwierigkeiten hätte, einen Küchenherd zum Heizen der Wohnung zu verwenden. Bei uns zu Hause sei elektrische Energie teuer. Außerdem, sage ich, ist die dauernde Hitze nicht gut für die Heizspiralen, wenn sie nicht durch Töpfe abgeleitet wird. Er lacht und schüttelt den Kopf. Das ist ihm zu verrückt. Manchmal sind die Platten Tag und Nacht eingeschaltet. Ich schalte sie wieder aus, ich ertrage den Anblick der glühenden Schnellkochplatte nicht. Die Sowjets bauen in Sibirien ein größtes Kraftwerk der Welt nach dem anderen. Allein die Angara, der Ausfluß des Baikalsees, treibt inzwischen die Turbinen von drei Kraftwerken, von denen jedes einmal das größte der Erde war oder das zweitgrößte. Bis jetzt produziert die Siedlung ihren Strom selbst, mit Dieselmotoren.

XVII

Wir arbeiteten hoch über der Taiga. Die gelben Birken, die es unheimlich eilig hatten, gelber zu werden, erreichten nicht die Ebene unserer Schuhsohlen. Der Himmel war blau. Ich saß auf einer Schiene und fotografierte meine Kollegen vor der hellblauen Wand. Heldenfilm-Arrangement. Wir machten Mittagspause. Sie diskutierten ziemlich angeregt; ich nahm das nicht bewußt wahr, sonst hätte ich mich nach dem Thema erkundigt. Ich tauschte das 55-mm-Objektiv gegen das 85-mm-Objektiv. Ich studierte Ninas Gesicht durch das Tele. Nina ist ein gutes Fotografierobjekt, nicht nur, weil ihr Lippenstift so gut zum Grün ihres Overalls paßt und der zum dunklen Rost ihrer Haare, sie ist fotografierunempfindlich, fotografierfest. Du kannst mit dem unersättlichen Tele ihr Gesicht abschlecken, ganz lange, ohne daß es sich verzieht zu staatsmännischem Verantwortungsbewußtsein. Anatol hat meine Aufnahmen verdorben. Unter der indiskreten Linse verwandelt sich sein Ausdruck zu autoritärer Nichtigkeit. Sein Gesicht nähert sich, arbeitend wie ein Käse im Zeitraffer, der Vorstellung, die er von sich hat, wenn er Macht hätte. Viele Menschen scheinen sich für besonders attraktiv zu halten, wenn sie wie Unteroffiziere aussehen, die gerade befehlen.

Ich hörte, wie Michailow, der Mann, der früher in der Verwaltung einer Stadt gearbeitet hatte, an der Diskussion der Brigade lebhaft beteiligt, das

Wort »Kommunist« aussprach. Das Wort kam besonders deutlich bei mir an, es war das letzte in einem Satz und das letzte, das Michailow vorläufig sagte. Er sprach es mit starker Betonung. Die Betonung konnte Verschiedenes bedeuten. Ich hörte nicht heraus, wie er es gemeint haben könnte. Ich unterbrach meine Bootsfahrten durch die Augen Ninas. Warum sagt er Kommunist, Tanja? Er meinte den Brigadier. Der Brigadier verhalte sich nicht wie ein Kommunist. Ich merkte an meiner Überraschung, daß ich es immer noch nicht für selbstverständlich hielt, daß Kommunisten in der Sowjetunion angesehene Leute sind. Die Brigade hatte entschieden, daß alle Mitglieder gleiches Geld bekommen, unabhängig von ihrer Qualifikation und ihrer Ausbildung.

Das lag vierzehn Tage zurück. Lida war auf dem Schienenroller gesessen, in der Mittagspause, einen gelben Papierbogen auf dem Schoß. Ich fotografierte. Die Kollegen standen um sie herum und redeten aufeinander ein. Lida machte eine Liste für das Büro, das die Löhne auszahlt. Ich merkte schon, daß sie aufgeregt waren, und fragte. Sie wollten nicht mehr wie bisher ausbezahlt werden, alle sollten denselben Lohn bekommen. Nun stellte sich heraus, der Brigadier hatte das Papier nicht weitergegeben, sie hatten die alten Löhne bekommen. Diejenigen, die mehr bekommen hatten, hatten dafür gestimmt, daß alle gleich viel bekommen, also sie selbst weniger, denn was die Brigade insgesamt bekam, das stand fest.

Sie machten dem Brigadier Vorwürfe. Der stand dabei. Ich sah ihm an, daß er nicht glücklich war, auch wenn ich nicht viel verstand. Er versuchte, seine Würde vor den Kollegen dadurch zu wahren, daß er wie geistesabwesend in die Ferne schaute. Er entschuldigte sich nicht, er sagte nichts. Ich registrierte seine Verfassung einige Male mit dem Teleobjektiv und 24 DIN.

Die Tage des Brigadiers waren gezählt. Das wurde deutlicher mit jedem Tag. Wenige Tage später bekamen wir keinen »Ballast«, keinen Schotter. Ohne Schotter keine Feineinstellung des Gleises. Wenn die Arbeit vorfristig beendet ist, gibt es Zulagen. Kein Schotter heißt weniger Geld. Die Brigade gammelte einen Tag, ich legte mich bis mittags ins Bett. Der Brigadier muß alle Hindernisse vor der Arbeit wegräumen. Das ist seine Hauptaufgabe. Es kommt zu oft vor, sagen die Leute, daß der »Ballast« zu spät kommt. Er setzt sich nicht durch bei denen, die dafür verantwortlich sind, daß Schotter angefahren wird. Er hat Respekt vor der Verwaltung, das wird ihm zum Verhängnis werden.

Der Brigadier ist kein Vorgesetzter; der Vorarbeiter ist kein Vorgesetzter. Er treibt nicht an, die Brigade treibt. Wenn er mit seinem »Ras, dwa, tri« wartet, werden sie ungeduldig; Wera sagt, mach voran, Mann!

Zweimal erlebe ich den Besuch eines älteren Mannes mit Aktentasche – es ist der Streckenmeister. Die Brigade beschwert sich, weil der Schotter nicht schnell genug rankommt. Wir können Gleise richten bis zur Venus, wenn ihr den Schotter beibringt. Da spielt wieder die Brücke eine Rolle, die schon die Kartoffeln nicht durchlassen wollte. Die Aufgabe des Streckenmeisters wird durch Tanjas trübe deutsche Sprachlinse nicht klar. Es sieht aus, als sei er dafür verantwortlich, daß das Gleis in seinem Abschnitt befahrbar ist. Er ist derjenige, der sich die Qualität unserer Arbeit genauer ansieht.

Wenn der Schotter kommt.

Spezialwaggons aus Polen, sie heißen Dosatoren. Mit ihnen dosiert man den Schotter, der auf die Schwellen fällt. Eine Lok kam an mit fünfzehn Waggons voller Grobkies aus einem Kiesbruch, nichts Bearbeitetes. Die Dicke der Kiesschicht, die über die Schwellen gezogen wird, wird durch Hebel an den Waggons eingestellt. Die Lok zog an, der Zug ließ einen dicken, grauen, feuchtdunklen Läufer zurück, mit großem Rauschen. Die Schwellen waren ausgelöscht, die Schienen Streifen im Läufer. Vorher lag das Gleis blank auf der Trasse, wie auf dem Umschlagbild dieses Buches.

Jetzt geht's los. Jetzt müssen wir das Gleis herausheben aus dem Läufer, den Läufer hinunterstoßen unter die Schwellen. »Stopfen« heißt das. Das Gleis wird mit den »Domkraft«-Hebern ein Stück aus dem Schotter angehoben, zehn, fünfzehn Zentimeter, je nach den Unebenheiten in der Trasse. Einiges von dem Schotter rieselt von selbst in den Hohlraum unter den Schwellen. Das meiste muß hineingestopft, unter der Schwelle zusammengepreßt werden, damit es nicht nur die Schienen hält, ohne nachzugeben, wenn die Gleisheber niedergehen, auch die belasteten Züge muß es halten. Einiges von der Kraft, die dazu nötig ist, kommt von uns.

Vier Mann an einer Schwelle, zwei stehen sich links mit ihren schmalen Holzspaten gegenüber, zwei rechts. Sie arbeiten jeweils bis zur Mitte. Ein ahnungsloser Beobachter könnte den Eindruck bekommen, eine Gruppe von Menschen, möglicherweise eine Räuberbande, versuche kostbares Material, goldhaltigen Kies oder so etwas, unter den Schwellen zu verstecken, bevor die Verfolger eintreffen, die jeden Moment erwartet werden. Es gibt Maschinen irgendwo in der Sowjetunion, die diese Arbeit auch machen; sie werden woanders gebraucht.

Das ist bis jetzt die schwerste Arbeit, die ich mache. Erst dachte ich, das kann nicht so anstrengend sein, das Körpergewicht auf den Holzspaten zu verlagern und den Spaten in den Spalt zwischen Schotter und Schwelle zu stecken. Wenn man den anderen zuschaut, sieht es leicht aus, ihr Fuß sinkt mit Holz und Steinen hinab. Der Fuß sinkt schon, aber auch der Körper sinkt. Das andere Bein bleibt oben zurück auf der Schwelle. Es muß den Körper wieder zurückstemmen, es ist eine halbe Kniebeuge, was man macht, unzählige Male. Man könnte sich auf den Stock stützen beim Hochgehen, das wäre dann eine andere Tätigkeit. Während das eine Bein sich streckt und den Körper zurückholt, damit er sich erneut auf den Holzspaten werfen kann, sucht der freischwebende Fuß auf dem Spatenende wie auf einem Stelzbein den Punkt, auf den sich dann der Körper wirft. Die Hände steuern den Spaten für den Fuß. Hat der Spaten den richtigen Ansatz, stößt man ihn mit seinem ganzen Gewicht unter die Schwelle.

Da kann es Probleme geben – durch die Unvorhersehbarkeit der Folgen. Es passiert oft, daß ich gestoppt werde durch einen dicken Stein, der sich nicht durch den Spalt unter die Schwelle drücken lassen will, er versperrt den Weg, hinter ihm bleibt ein Hohlraum. Mit dem Druck meines ganzen Gewichtes habe ich ihn festgeklemmt. Er muß durch. Während ich mich mit dem Stein herumschinde, stößt mein Gegenüber seinen Schotter unter die Schwelle in der ganzen Breite seiner Schwellenhälfte. Ich merke, er wartet, stochert noch zum Schein, um mich zu schonen. Da laß ich den Stein klemmen, lasse das Loch unter ihm auf sich beruhen. Dort werden zukünftige Züge ansetzen wie die Zahnfäule an einem Kuchenkrümel.

Ich habe mich auf den Schotter geschleudert, und ein dicker Stein hat die ganze Energie absorbiert, lange bevor ich die Hälfte des Weges unter die Schwelle zurückgelegt habe. Ein ähnliches Gefühl muß eine Wespe haben, die vom Fensterbrett startet und nach wenigen Zentimetern gegen die Scheibe bumst. Beim nächsten Stoß nach unten bietet der Schotter überhaupt keinen Widerstand, eine Rieselbrücke aus feinerem Material verdeckt die Spalte zwischen Schotter und Schwelle. Und ich sause hinunter mit der Kraft, mit der ich den festgeklemmten Stein getroffen habe, bis auf die Trasse.

Ich lerne.

Versuch und Irrtum geben mir Unterricht nach Milliarden Jahren alten Prinzipien vom alten Darwin. Ich nehme allmählich die Eigenschaften eines richtigen Schotterstopfers an. Das bedeutet, es ist *falsch,* das ganze Gewicht in die Grube zu schmeißen. Die statistische Wahrscheinlichkeit, daß es sinnvoll sei, ist zu gering. Manchmal ist es sinnvoll, meist nicht. Man verschleudert seine Kräfte an Irrtümer.

Der Weg zu einem richtigen Schotterstopfer ist weit. Er geht über die Entwicklung stärkerer Waden und stärkerer Oberschenkel. Das heißt, das Körpergewicht muß in der Schwebe gehalten werden beim Niederstoßen. Was vom »Stopfer« verlangt wird, ist, daß er seinen Schwung kontrolliert wie ein Ballettänzer, daß er Gewichte nicht fallen läßt – also die Gewichte bestimmen läßt –, daß er sie in der Schwebe hält, daß er sie setzt. Das verlangt stärkere Muskeln als sich in den Schotter zu stürzen, aber weniger Kraft.

Der erfahrene und trainierte »Stopfer« geht mit dem Fuß behutsam, aber rasch an die Kerbe; spürt er einen Querlieger, muß das Bein zurückzucken können, bevor der Spaten ihn durch einen zu hitzigen Stoß störrisch gemacht hat. Eine Rieselbrücke fällt von selbst zusammen, wenn der Spaten sie berührt; nun ist alles offen, nun kann man Schotter nachschieben mit Kraft, man weiß, sie kann nicht verloren gehen.

Ich will jetzt nicht mit lexikalischer Pedanterie die Wissenschaft des Schotterstopfens schildern, obwohl sie es verdiente, weil sie, soweit ich weiß, noch nirgends ausführlich dargestellt worden ist und weil die Gefahr besteht, daß die Erkenntnisse derer, die darin Experten sind, bald gänzlich verlorengehen werden. Wer wird dann noch auf den Gedanken kommen, die Erfahrungen der Beine eines Stopfers einem Computer einzugeben, um Gesetzmäßigkeiten zu entdecken, die vielleicht einmal nützlich sein werden beim Herausfinden der Ursachen der Unterdrückung von Minderheiten. Aber von einer bestimmten Form des Scheiterns, die ich erlebte, möchte ich noch reden.

Es dauerte eine Weile, bis ich den größeren Zusammenhang erkannte. An einigen Stellen mühte ich mich umsonst, irgendwelchen Schotter unter die Schwelle zu stoßen. Ich warf mich darauf und warf mich darauf, und es nützte nichts. Der Schotter wurde ein bißchen dichter, aber nicht unter der Schwelle, sondern neben ihr; er knirschte. Solche Stellen bringen einen aus dem Rhythmus. Das Spielbein bewegt sich, wenn der Schotter richtig läuft, dauernd auf und ab, mehr oder weniger regelmäßig. Wenn sich der Schotter überhaupt nicht rührt, tut man das, was einem übrigbleibt – ich warf wieder mein ganzes Gewicht darauf. Der Schotter rührte sich trotzdem nicht. Da gab ich die Schwelle auf und ging zur nächsten. Dort erlebte ich dasselbe noch einmal. Aus irgendeinem Grunde schien es Schwellen zu geben, unter denen der Schotter fest war, obwohl ihn noch niemand festgestoßen haben konnte.

Das erinnert mich an eine Geschichte, die ich in Kärnten einige Male gehört habe. Zwei heiratslustige Frauen wollen denselben Mann heiraten. Der Mann möchte am liebsten beide, die Wahl fällt ihm schwer. Er sagt: Ich mache mit euch einen Test, die, die ihn gewinnt, heirate ich. Er gibt jeder ein Brett und einen Bohrer, wer das Brett zuerst durchbohrt hat, gewinnt. Die Gewinnerin gewinnt, weil sie das Bohren unterbricht und die Späne mit dem Bohrer herausholt, das Loch »putzt«, wie es beim Schreiner heißt. Die Verliererin meint, es sei wirtschaftlicher, ohne Unterbrechung zu bohren. Die Gewinnerin weiß, langsamer ist schneller.

Ich benahm mich eine Weile wie die Verliererin, bis mir auffiel, daß jedesmal, wenn sich der Schotter unerbittlich zeigte, kurz danach eine Unterbrechung im Arbeitsablauf eintrat, weil das Gleis erst wieder angehoben werden mußte. Ich war am Ende des Gleisabschnitts angekommen, dort, wo das Gleis sich wieder auf die Trasse senkte. Dort waren die Schwellen zu niedrig, es fehlte der Hohlraum. Ich hatte nicht genügend Tapferkeit zum Nachdenken aufgebracht, war gegen den Schotter angerannt wie die Leute, die an Schicksal glauben, weil ihnen niemand die Tapferkeit beigebracht hat, in ihrem Unglück die Muster ihrer Fehler zu suchen. Tapferkeit braucht man vor allem, wo Kenntnisse fehlen.

An einer solchen aussichtslosen Stelle ermüdete ich wie eine Batterie, die am Ende ist. Ein Kollege, der Schotter von der Seite des Gleises mit der Schaufel zwischen die Schwellen warf, bot mir an, mich abzulösen. Ich freute mich und lehnte ab.

XVIII

12. September

Ich habe vergessen, nach dem Friedhof zu fragen. Es gibt an der BAM keinen, sagt Jurij. Die Toten, wenn es welche gäbe, würden in ihre Heimat zurückgebracht. Bis jetzt sei noch niemand an der BAM gestorben. Andrej und ich lachen ihn aus. Alles Komsomolpropaganda, sagt Andrej. So unwahrscheinlich ist es nicht, was Jurij behauptet. Das Durchschnittsalter liegt bei 25 Jahren, und an der Magistrale wird erst seit drei Jahren gearbeitet. Und niemand, der nicht in tadelloser Verfassung ist, kommt hierher. Es gibt Leute, es sollen bis jetzt schon Tausende sein, die auf eigene Faust hierherkommen, um an der BAM zu arbeiten. Sie müssen meist zurückgeschickt werden.

Seit Tanja weg ist, habe ich überhaupt keinen Dolmetscher mehr. Andrejs und Jurijs Englisch, kombiniert mit meinen Anfängerkenntnissen im Russischen, transportieren Informationen in lyrischer Dichte. Zum Beispiel: Andrej und ich machten uns lustig über Jurij. Wir beschuldigten ihn, daß er es nachts mit den Mädchen im Speisesaal treibe, wir hätten ihn beobachtet. Ich sage, es ist nicht die Art eines Gentleman, den Mädchen die harten Tischplatten zuzumuten. Ich möchte gerne sagen, die Freundinnen Jurijs erkennt man an der Hornhaut auf dem Rücken. Ich halte es nicht aus, daß die beiden diesen Einfall nicht erfahren sollen. Die Schwierigkeit, den Gedanken zu übersetzen, fängt damit an, daß die beiden das englische Wort für Haut nicht verstehen, und ich es nicht auf russisch weiß. Ich sage auf russisch »Arbeiter« und deute auf die Innenfläche meiner Hand, dann zupfe ich an der Haut, dann zeige ich mit Daumen und Zeigefinger: »So dick!« »Girls of Jurij on the back« – dabei streiche ich Andrej über den Rücken – »das da!« und deute wieder auf die Innenseite meiner Hand. Es dauert zwei Sekunden, dann lachen sie.

Jurij macht blendende Fehler. Ich frage: »Was hat dir der Bahnhofsvorsteher erzählt?« Er sagt: »He talks about your rocks« (Er spricht über deine Felsen). Es stellt sich heraus, daß er das Possessivpronomen verwechselt hat und statt »rocks« »work(s)« sagen wollte: »Er spricht von seiner Arbeit.« Gewiß gibt es in den mir unbekannten Fluten der Fachliteratur der Welt über die Entstehung von Sprache Aufschlußreiches zum Phänomen der seitlichen Verkehrbarkeit von Wörtern in allen Sprachen, aber es wäre nützlich, wenn darüber in den Schulen mehr gesprochen würde (russisch: »rabota« – deutsch: »Arbeit« – französisch: »travail«; »Top(f)« – »pot«; »aqua« – »Wacker«(stein); »Form«. – »morph«; »pan« – »Nap(f)«; »Sumpf« – »Mus«; und so weiter. Jeder kann solche Zusammenhänge selbst entdecken, wenn er ein Wörterbuch durchblättert und darauf aus ist). Als zwangshafter Kalauermacher spreche ich im sogenannten Privatleben manche Wörter gerne seitenverkehrt aus und habe dabei schon manchen Dunf gemacht. Vielleicht greift eine Fachschaft die Anregung auf und erstellt ein legasthenisches Wörterbuch. Die Seitenverkehrbarkeit ist eine Spur, die der Aufbau unseres Gehirns in der Sprache hinterlassen hat und hinterläßt.

Gammeltag, der Tag, an dem der Ballast fehlt. Die Fernheizung ist heute eingeschaltet worden. In unseren Zimmern ist es warm. Es ist draußen einige Grade kälter als gestern. Der Schnee auf den Bergen kriecht herunter, näher an die Siedlung. Die Berge sehen phantastisch aus, starke Kontraste in Grün, Gelb und Weinrot, zwischen den Bäumen liegt Schnee. Als wären die Berge mit den farbigen Bäumen aus feinstem Glas.

Gegen halb zwei fängt es so heftig an zu regnen und zu schneien, daß ich nicht aus dem Haus gehe, obwohl ich die Lakomow-Brigade beim Gleislegen fotografieren wollte. Innerhalb von fünf Minuten sind alle Berge verschwunden. Es ist so dunkel, daß ich das Licht einschalten muß.

Jurij sitzt im Nebenzimmer am Tisch, schaut vor sich hin und singt. Andrej wandert durch Flur und Küche und läßt etwas knallen, dünn und flach, einmal knallt es im Flur, dann in der Küche, im hinteren Zimmer. Ich schreibe in mein Heft. Ich gehe hinaus, nachschauen, was Andrej macht. Er schießt mit einer Spielzeugpistole nach Fliegen. Wenn er abdrückt, knallt aus dem Lauf ein Korken, der Korken hängt an einer Schnur. Ich beobachte ihn eine Weile, er trifft selten; das wundert mich, ich stelle es mir einfach vor, die Fliegen lassen den Lauf bis auf zehn Zentimeter und weniger ran. Es sind keine durchtriebenen Mitteleuropafliegen. Ich versuche es. Gehe ran bis auf acht Zentimeter, auf sieben und verfehle die ersten fünf, sechs Male. Der Korken berührt die Fliegen nicht einmal, scheint sie vielmehr wegzublasen. Manchmal erwischt er einen Flügel, oder die Fliege zieht davon mit zerquetschtem Hinterleib und gelblich herausquellenden Eingeweiden. Es läßt mir keine Ruhe, daß ich nicht besser treffe. Es scheint, daß der Korken den Lauf nicht gleichmäßig verläßt und abgelenkt wird. Oft sitzen die Burschen auf einer schmalen Kante. Nach vielen Versuchen habe ich den Dreh heraus. Peng, der Korken zerstößt die Fliege auf der Unterlage, Fensterrahmen, Wand, Stuhllehne, eine nach der anderen. Jedesmal folgt ein Jubelgeschrei von Andrej und mir, als hätten wir eine größere Geldsumme gewonnen. Ich bin mit mir zufrieden, gebe die Spielzeugpistole zurück und gehe zu meinen Notizen. Vor mir auf dem Tisch liegen die aufgefädelten Pilze, die Tanja mir geschenkt hat. Sie klappern vor Trockenheit und Härte und sind während der letzten Tage schwarz geworden. Sie riechen unverwechselbar nach Schweißsocken.

APN-Sascha und mein Brigadensascha (Kaminski) kommen in die Gostiniza, um mit Andrej und Jurij Karten zu spielen. Sie sehen mich schreiben, leise tragen sie den Tisch aus dem Nebenzimmer ins hintere Zimmer, in dem vier Betten stehen und ein Nachtschränkchen.

Ihre Höflichkeit ist erstaunlich. Ich gehe hinter ihnen her, um Kaminski zu fragen, welche Möglichkeit er sieht, an einem der nächsten Tage ein Auto zu bekommen für einen Ausflug; ich möchte gerne noch einmal nach Juchta. Sie bleiben alle am Tisch stehen, während ich mit Kaminski spreche.

Das fällt mir erst auf, als Kaminski mich auffordert, mich zu setzen.

Oder: Wenn Kaminski rauchen will, und ich sitze am Tisch, steht er auf und raucht am anderen Ende des Zimmers. Ich unterschätze das Entgegenkommen meiner Gastgeber immer wieder; jeder Bürger, der mir begegnet, betrachtet sich als meinen Gastgeber. Während der Rückreise nach Moskau übernachten wir noch einmal in Bratsk. Es ist noch nicht entschieden, wie üblich, wer von uns welches Zimmer bekommt, die Dame am Empfang überläßt uns die Aufteilung. Der Aufzug bringt uns in den vierten Stock. Oben sagt Andrej, wir lassen das Gepäck hier stehen, ich schaue mir erst beide Zimmer an. In mir bricht sofort etwas ein, es ist keine große Geschichte, aber in mir läuft etwas von der Kraft weg, um das bessere Zimmer zu kämpfen – die meisten Sowjetbürger werden wahrscheinlich nicht verstehen, wovon ich rede –, etwas in mir resigniert mit dem Argument, es hat keinen Sinn, er ist dir hier überlegen, gib dir keine Blöße, zeige dich desinteressiert, blamiere dich nicht durch Kleinlichkeit wegen einer Übernachtung. Es ist ein altes Laufwerk der Angst, das sich rasselnd abspult, trotz all der Erfahrung, die ich viele Wochen im Umgang mit diesen Menschen gemacht habe. Ein schäbiger, kindischer Rückfall, wenn auch nur für eine Sekunde. Selbstverständlich will Andrej *meinetwegen* herausfinden, welches das bessere Zimmer sei, ob das dem Aufzug näher gelegene oder das weiter entfernte, damit wir mein schweres Gepäck nicht unnötig herumtragen müssen; er schleppt außer seinem bescheidenen Koffer Teile meines Gepäcks. Das mindeste, was ich ihm schuldig bin, sind ein paar gute Vorsätze für die Zukunft. Der Unterschied zwischen den beiden Zimmern ist so schwer auszumachen, daß beides noch größer erscheint: seine Fürsorge und meine Schwäche.

Tritt man aus dem Gästehaus ins Freie, schaut man auf das Gebäude der Telefonzentrale von Kunerma, aus winterfesten Holzfertigbauteilen wie die Gostiniza. In dem Gebäude saßen ein Fernmeldetechniker und eine Telefonistin, samt Wohnräumen. Die junge Frau schloß die ruckartigen Schreie Jurijs mit einem Zuhörer kurz, der weit entfernt war. Es gab herrliche Distanzen zu durchfliegen in Zauberschnelle. Die 270 Kilometer zu Wirbitzki nach Ust-Kut kamen mir vor wie ein Ortsgespräch. Auch mein Ohr durfte einmal nippen an der Sechstausendkilometerstimme Andrejs. Aus einem Meer von Wäldern so groß wie der Atlantik ging ein »Ich freue mich auf dich! Geht es dir gut?« unsagbar dünn hinaus nach Moskau. Die Finnin meldete aus meinem Nebenzimmer über unsere Nachbarbaracke eine Verbindung nach Helsinki zu ihren Kindern an und kam durch. Entzückt lauschten wir ihren entzückten nichtssagenden Schreien und warfen bewundernde Blicke zur Holzbaracke hinüber.

Die Häufigkeit von Jurijs Telefonveranstaltungen legte nahe, anzunehmen, es bereite ihm Vergnügen, Gründe zu finden, nach Moskau zu telefonieren, nach Ust-Kut und Irkutsk. In diesem Dreieck, scharf wie ein Säbel, schrie er an freien Nachmittagen und an Abenden so manche Stunde umher. Ich stellte an seinen tadellos artikulierten und häufig wiederholten Ausrufen vergnügt die Fortschritte meiner Russischkenntnisse fest. Wir waren erst wenige Tage in Kunerma, da glühte mit schwarzem Ringelkabel ein brandneues rotes Telefon neben Jurijs Bett im hinteren Zimmer, mit dem sowjetischen Zeichen für beste Qualität. Das entlastete mein Nebenzimmer akustisch enorm, es leerte sich.

Mit dem »Autowinder« gehe ich hinüber zur Telefonzentrale. Da drüben sitzt ein kleiner Mensch mit fliegenden Konzentrationswechseln. Auch er heißt Wolodja (Wladimir). Er schaut einem freundlich und lächelnd ins Gesicht und grüßt aufmerksam, als wäre der Gruß ein wichtiger Teil eines Gesprächs. Fragt man ihn etwas, erlischt sein Lächeln sofort, der Ausdruck ernster Vertiefung springt heraus. Leicht und flink kommt die Antwort, aus dem Stand, er holt nicht aus. Es wäre interessant, ihn einmal gravitätisch zu erleben. Dieser ernsthafte kleine junge Mann zwischen den unaufhörlich ratternden Fernsprech-Relais – ich traue ihm Ungewöhnliches zu. Ich lege ihm den teuren japanischen Motor auf den Tisch und erkläre ihm, was ich von ihm erhoffe, meine, es würde etwas bringen, wenn ich hinzufüge, ich weiß, daß die Hoffnung Quatsch ist. Es ist nicht einmal klar, ob das komplizierte, kompakte Ding zu öffnen ist. Es gibt fünf winzige Schräubchen mit Kreuzkerbe, ich deute fragend auf sie. Nach einer Viertelstunde sieht es immer noch nicht so aus, als könnte man mit ihnen das Instrument öffnen. Ich befreie mich von dem Gefühl, sein Gelingen könnte von meiner Anwesenheit abhängen, ich lasse ihn allein. Im Vorraum Schuhe, keine Hausschuhe. Nach einer Stunde komme ich zurück. Er sagt: »Ich denke, es geht.« Ich schraube den »Autowinder« an den Kameraboden. Zieh-zieh-zieh-zieh-zieh macht der Motor wie in alten Zeiten. Ich bewundere, ich juble, ich wundere mich nicht. Ich sehe um so mehr in einem Menschen, je kleiner er ist. Bei einem großen Menschen muß ich mich zusammennehmen, damit ich nicht davon ausgehe, er habe bereits alles nach außen gekehrt. Ich weiß, eine Bezahlung ist so unmöglich wie ein Käse ohne Rinde – was weiter ist als Quark, hat Haut –, ich schenke ihm einen Vierfarbenkugelschreiber zum Andenken.

Das Wort »Charaktergeografie« fällt mir ein, wenn ich an Kunerma denke. In der Großstadt, wo alle durcheinanderwirbeln, kann einem ein solcher Begriff nicht einfallen. In der Siedlung identifizierte ich verschiedene Stellen mit verschiedenen Charakteren. Fünfzehn Meter südöstlich von dem Charakter der fliegenden Konzentrationswechsel sehe ich das größte gravitätische Talent, das mir in meinem Leben begegnet ist, den Bahnhofsvorsteher ohne Bahnhof in unserem hinteren Zimmer. Das ideale Heldenprofil, gerade Nase, gerade Stirn, rundes Kinn, blaue Augen, Haar blond. Die deutschen Rasseprofessoren des ehemaligen Reichskanzlers Adolf Hitler hätten ihre Freude gehabt an dem »Untermenschen«, ihn als deutschen Musterbullen in Tausende Frauen gesteckt, wenn er nicht ukrainisch und russisch gesprochen hätte.

Wenn man ihn anschaute, verzischte jede Frivolität in einem. Er war nicht größer als mittelgroß, nicht breiter als der Durchschnitt, nicht dick. Trotzdem stand er da wie seine eigene Festung. Zu den Dingen, die ich in meinem Leben ausprobiert habe, gehört Schauspielerei. Das richtige Stehen kann nur ein Schauspieler hinkriegen, der im Grunde glaubt, die Zuschauer müßten sich beglückwünschen, wenn er ihnen einen Fuß zum Küssen hinhält. Nur wer von sich selbst ausgefüllt ist, kann mit Stehen eine Bühne ausfüllen. Raum wird durch Selbstsicherheit verbraucht. Oder das Hereinkommen durch eine Tür! Während der ersten Proben wurde ich immer winziger, bis ich schließlich die Größe einer Laus unterschritt und alle Kausalität außer Kraft gesetzt glaubte. Raumverbraucher außerhalb des Theaters wachsen in Pioniergesellschaften, in denen die moralischen Übereinkommen noch lange Gewißheiten bieten. In denen die Gesichter noch keine Spuren von Angriffen durch Zweifel zeigen. Wo für Generationen Vorräte da sind an Sinn des Lebens.

Immer wieder beobachtete ich, wie der blonde Ukrainer einen Raum betrat. Man sollte ihn beim Hereinkommen filmen als Beispiel für den Schauspielunterricht. Seine Bewegungen sagten, es gibt nichts Wichtigeres, als daß ich jetzt hereinkomme; es gibt nichts Wichtigeres als das, was ich jetzt tue. Hast ist der Ausdruck der Sorge, es könnte bleiben, wie es ist; Nichteinverstandensein mit dem Leben, Todessehnsucht, Endlich-alles-hinter-sich-haben-Wollen. Der Bahnhofsvorsteher ohne Bahnhof war das große Einverstandensein.

Wolodja von den ratternden Relais erlaubte mir, den Fernsehturm zu besteigen, er stand hinter unserem Haus. Dazu mußte er erst ein waagrechtes Gittertor aufsperren, das in eine Plattform eingelassen war, die in einer Höhe von zehn Metern um den Turm lief. Ein Satellit versorgt die Siedlungen über solche Türme mit Programmen. So habe ich es verstanden. Vielleicht dienen diese Türme außerdem zum drahtlosen Telefonieren. Jurij und Andrej kamen mit. Ich hängte die Kameraausrüstung um und stieg, schätze ich, fünfunddreißig Meter. Oben war es sehr hoch, es reichte jedenfalls für eine richtige Vogelperspektive. Ich machte Bilder in allen Richtungen. Andrej, Jurij und Wolodja klemmten sich in eine Ecke des Plattförmchens und stellten sich zu einem Andenkenfoto zurecht. Diese Bewegungen machten den Turm schwanken. Andrej verstärkte die Schwankungen durch Schaukelbewegungen. Ich war vollständig überzeugt, daß er den Turm abbrechen könnte, wenn er nur wollte und ich ihn ließe. Er ging so wenig achtsam mit sich um, ich traute ihm die Absicht zu, es zu versuchen. Ich fürchtete um mein Leben.

Auf dem freien Platz vor meinem Fenster bauen sie ein Haus – ein Haus, wie es die Gostiniza ist, wie die Wohnhäuser, man kann diese Gebäude Baracken nennen, Holzhäuser. Sie werden mir die Sicht nehmen auf die Speisehalle, auf »Hildegard Knef«. Ich werde es nicht mehr erleben, sie lassen sich Zeit; als das Fundament fertig ist, reise ich ab. Erst bohren sie ein Netz von Löchern in die Erde, einen Meter tief und im Durchmesser 35 Zentimeter. Die Löcher werden mit einer Maschine aus der Erde geschnitten. Sie stecken Rundhölzer in die

Löcher, die einen halben Meter aus der Erde ragen. Auf die Rundhölzer nageln sie starke Balken; quer auf die Balken eine Schicht Bohlen. Darauf der Fußboden. Die Häuser stehen auf Pfählen einen halben Meter über der Erde, das war mir nie aufgefallen, trotz der Stufen, die in jedes Haus führen, weil der Abstand verschalt ist. Damit ist die Arbeit getan, die die meiste Zeit kostet. Was sich vom Fundament erhebt, ist vorgefertigt, wird nur noch zusammengesteckt, zusammengeschraubt.

XIX

Es war noch zu Tanjas Zeit.

Seit einigen Tagen hält sich Nässe auf dem Fußboden unserer Toilette. Jeden zweiten Tag oder jeden dritten – ich achte nicht darauf – kommt ein Mädchen im Alter von achtzehn Jahren und putzt. Sie macht es nachlässig, wie ich finde; unter den Betten bleiben die »Wollmäuse« liegen, die Flecken auf dem Stragula werden zu alten Vertrauten. Sie setzt sich während der Arbeit mit Tanja an den Tisch und raucht, und ich spüre, wie sich in mir ein Bedürfnis nach Strenge verdichtet; meine Pflegemutter hätte ihr schon was erzählt! Vom Alten gar nicht zu reden. Sie hat einen Putzlappen auf den feuchten Boden in der Toilette gelegt. Die Tage vergehen, und die Nässe steigt. Sie erreicht die Höhe des Putzlappens, schließlich steht der Lappen unter Wasser. Sibirien hin, Sibirien her, Pionierleben hin, Pionierleben her – ich leide. Zwei Tage lang kremple ich die Hosenbeine auf und schweige, das Wasser scheint außer mir niemanden zu stören. Es geht das Wort, Jurij habe mit dem Klempner verhandelt. Am dritten Morgen – es ist ein Samstag – entscheide ich mich spontan zu einer Demonstration.

Der Wollappen schwebt fast. So, denke ich, könnte in ferner Zukunft ein Schiff, was heißt Schiff!, ein künstlicher Schwimmkörper aussehen, er würde knapp unter der Oberfläche der Ozeane dahintreiben, in riesigen Ausmaßen, einem Ölteppich gleich, sagen wir zehn Quadratkilometer, ein Blatt, eine Stadt in Form eines porösen Blattes, das für seine Bewegung kaum Energie braucht und deren Bewohner es nicht eilig haben, ihren Standort zu wechseln. Die Stadt könnte vor Wintereinbruch nach dem Süden treiben und sogar Heizkosten sparen; die Menschen in ihr könnten ein besonderes Produkt herstellen und dadurch ihre Bedürfnisse finanzieren; man könnte das Stadtblatt an einer pazifischen Insel festmachen für mehrere Jahre, es wäre ein schwimmendes Paradies, die erste Lösung, die dem Stand der Technik und den Bedürfnissen der Menschen entspräche. Wenn ein Sturm kommt, wenn die Wasseroberfläche Tal wird und Berg, wird das Blatt geflutet und treibt knapp unter den Tälern dahin, wo die Wellen keine Kraft haben.

Ich fand im Bad eine große, weiß emaillierte Waschschüssel, die stellte ich vor die Klotür, zog den großen, dicken Bogen aus Wollfasern aus der Brühe (die Fachleute sollen jetzt nicht denken, ich wüßte nicht, daß ein Aufwischlappen nicht aus Wolle ist; der war aus Wolle), drückte die Brühe aus dem Lappen in die Schüssel. Mit Fingerspitzenakrobatik war da nichts zu machen, da mußte man reinfassen in den flüssigen Dreck, als sei er zum Auflecken. Ich übersprang eine hohe Schwelle des Ekels, ich sagte mir, Haut ist abwaschbar, es ist kein Gift, keine Säure, es ist nur aus dem Abflußrohr gesickerte Scheiße und Pisse, mit Wasser verdünnt, in einem unbekannten Mischungsverhältnis, jedenfalls sehr viel mehr Wasser, nur Spuren der anderen Substanzen. Und was sind schließlich die anderen Substanzen als Teile von Menschen? Sie machen Rettiche und Salat schneller wachsen und größer, und wir essen diese Auswüchse. Das ist eine Frage des Standpunkts, der inneren Haltung. Man *entschließt* sich, sich zu ekeln, sich nicht zu ekeln. Wer sich ekelt, hat einmal den Beschluß gefaßt, sich zu ekeln, er hat es nur vergessen. Man muß zurückgehen hinter die Zeit, als man sich fürs Ekeln entschied, und man ekelt sich nicht. Wogegen wehrt man sich durch Ekel, wenn einen niemand zwingt, Putzwasser aus einer Toilette zu trinken? Ich dachte, Jesus hat den Aposteln die Füße gewaschen, ich wasche den Stragulaboden der Herbergstoilette, das ist mehr oder weniger dasselbe.

Drei Lappen paßten in die Emailschüssel. Das Wasser war trüb, den Boden der weißen Emailschüssel sah man nicht. Ich ging auf den Flur damit, in den Vorraum, öffnete mit dem Ellbogen die Tür, schleuderte das schwappende Ding über die Erde vor der Eingangsplattform.

Es dauerte drei Schüsseln, bis eine Tür ging. Ich hockte gerade in der absolut richtigen Stellung, wie Jesus vor den Schweißfüßen seiner Anhänger, nein, Schweißfüße waren es nicht, gab es damals wohl kaum. Da war leider nicht mehr viel von der Nässe zu sehen. Zum Ausgleich rieb ich mit dem Lappen gründlich den Fußboden hinter der Kloschüssel und unter dem Abflußrohr. Ich drehte mich nicht um. Es war Tanja, die mich beobachtete. Ich wußte es, weil ich die Tür, die geöffnet worden war, am Geräusch erkannt hatte. Sie stand hinter mir und sagte kein Wort. Ich sah sie deutlich in ihrem bernsteingelben Morgenmantel, mit nackten Knien. Tanja schwieg! Wie mußte sie meine

Lage getroffen haben! Die Demonstration verlangte Härte von mir, verbot, daß ich aufstand und sie küßte für ihr Schweigen, für das Laufen des Fisches. Man hat nicht jemanden zu küssen nur deshalb, weil er genau das tut, was man ihn tun macht, es müssen weitere Gründe hinzukommen.

Ich hörte sie im hinteren Zimmer energische und fordernde Töne sprechen. Während ich mir Jurijs Gesicht vorstellte, kamen mir Bedenken wegen meines Erfolges. Jurij muß mich für einen gefährlichen, unberechenbaren Hund halten, vielleicht auch für undankbar, ich sah ihn verwundet blinzeln hinter seinem dicken Glas. Trotz der entsetzlichen Nachrichten, die Tanja ihm ausrichtete – sein Gast kroch auf Knien in der Kloake! –, rührte er sich nicht aus dem Zimmer, kam nicht herausgestürzt.

Er ist gelähmt vor Entsetzen, dachte ich, er ist deinen närrischen Teufeleien nicht gewachsen und obendrein durch Gastfreundschaft eingeengt. Er verkriecht sich jetzt und wartet ab. Er tat mir leid, als ich erkannte, daß unter dem Abflußrohr eine glitzernde Zunge hervorschlüpfte. Das Stragula war herrlich trocken gerieben, schimmerte sogar wie ein Versprechen, daß die Zeiten des Hosenhochkrempelns vorbei seien, und jetzt kroch das Wasser heraus, aus irgendeinem Riß im Abflußrohr, aus dem mit hellgrüner Ölfarbe gestrichenen Abflußrohr. Das Herz schlägt mir noch jetzt in der Halsschlagader, wenn ich es beschreibe. Ich zog an der Kette und spülte, ja! ja!, die Zunge beeilte sich, kräuselte sich vor Tatendrang. Wenn dieser Riß nicht geschlossen wird, werde ich jeden Tag, einmal morgens, einmal abends, die

Toilette aufwischen. Wir werden ja sehen, wer länger durchhält.

Tanja kam und berichtete, was sie Jurij gesagt hatte. Ich sperrte alles Dramatische aus meinem Gesicht aus, hörte ihr zu mit dem alltäglichsten Alltag auf der Haut. Sie sollte nur nicht auf den Gedanken kommen, ich hielte es für etwas Besonderes, die Kloake aufzunehmen. Jetzt sind wir schon so weit, hatte sie gesagt, daß unsere Gäste die Toilette reinigen müssen. Ich sagte, Tanja, siehst du, hier ist ein Rohr, es verläuft schräg nach unten durch die Wand, durch die Küche – ich ging in die Küche –, und hier ist es möglicherweise verstopft, weshalb Wasser austritt in der Toilette, also Wasser, ich meine, was halt austritt. Verstehst du mich? Das Problem ist: erstens: man muß das Rohr untersuchen, ob es verstopft ist – weißt du, was das ist, »verstopft«? Zweitens: Hier ist ein Riß, verstehst du, so etwas wie ein Loch, ein dünnes Loch, eine Öffnung, da kommt Wasser heraus, Flüssigkeit, kannst du es sehen? Du trägst ja Kontaktlinsen, vielleicht siehst du das nicht. Das muß geschlossen werden. Das ist alles. Es ist sehr einfach, eine herrliche Toilette zu haben. Das mußt du dem Klempner sagen. Er braucht nicht mehr nach dem Fehler zu suchen. Er bekommt die Diagnose von mir geschenkt. Ich kam mir widerlich vor, brachte aber Dinge in Gang.

Es war für Jurij nicht schwierig, den Klempner zu überzeugen. Am Abend schimmerte das Stragula in Trockenheit.

XX

Abschied.

Der Wagen führte uns wieder hinaus zu unserer Arbeitsstelle am Gleis und machte uns zu Fingern eines Klavierspielers und spielte sein Jazzstück mit uns. Es regnete. Der Wald troff. Das Gelb der Birken war noch dunkler geworden, fast Gold. Wir arbeiteten eine Weile im Regen, meine Kollegen beachteten ihn nicht. Als sich die Körper von Arbeit erhitzt hatten, warfen sie ihre Jacken von sich. Allmählich wurde der Regen stärker. Boris zog seine Lederjacke aus und bestand darauf, daß ich sie anziehe. Die Jacke überraschte mich durch ihre Wärme im Inneren und in den Taschen. Wenn Boris den Gleisheber unter die Schiene setzte, sah ich, wie der Dampf von seinem Rücken stieg, aus dem großkarierten Hemd mit grünen, braunen, roten und blauen Linien. Andrej begann, sich um seine Anzugsjacke zu sorgen. Der Regen wurde zu stark, wir setzten uns in den Wagen. Ich stieg ins Führerhaus, um schneller draußen zu sein, wenn ich eine Aufnahme machen wollte. Der Fahrer las einen Roman. Seine Arbeit war, uns hinzubringen und zurück; während des Arbeitstages las er oder sammelte Pilze und Beeren oder machte eine Sonderfahrt.

Vor uns lag ein Berg, er ragte aus der Taiga wie eine umgedrehte Schüssel. Seine Kuppe war kahl, in dieser Stunde meist von Nebelschwaden umwikkelt. Sie lösten sich auf und zogen ab, und kurz darauf bildeten sich neue Binden. Die Taiga war – bis auf einige weinrote Spritzer bestimmter Stauden, die ich nicht kenne – ein gelbes Meer, das von der Anziehungskraft des Mondes ein Stück an den runden Flanken der Schüssel hochgezogen wurde. Manchmal war die Kuppe frei, und die Nebel schlangen sich weiter unten um den Berg. Unter diesen Bedingungen war es mir nicht möglich, im Inneren des Kastens zu sitzen.

Jemand machte ein Feuer. Der Regen hörte auf. Das Feuer tat gut. Ab und zu verdeckte der Rauch meinen Blick auf den Berg. Ich machte Aufnahmen und wartete auf noch bessere Aussicht: so verbrauchte ich einen Film.

Der Regen hörte auf, niemand arbeitete mehr. Sascha Kaminski war von meinen Kollegen zum Brigadier gewählt worden, der alte fuhr Richtung Moskau. Zwei Männer feierten heute ihren Geburtstag, der kleine Wasja und der Panzerfahrer, das würde sich auswirken auf den Tagesverlauf. Es fing klein an, Boris und Alek spielten auf ihren Gitarren, im Wageninneren, die Brigade sang dazu. Wenn mein Berg seinen Kopfverband trug, stieg ich kurz zu ihnen in den Wagen, fotografierte sie mit einem Weitwinkelobjektiv und 400 ASA – die Sonne kam erst später, gegen Mittag, heraus und durch das Seitenfenster. Manches sang ich mit, den langsamen BAM-Walzer, der in der Sowjetunion bekannt ist und es mir angetan hat. Er hat genug Strophen, um Jurij ins rechte Licht zu setzen; Jurij entwickelte sich beim Singen, seine Gläser wurden dünner, seine Stimme klarer, sie erhob sich über die anderen Stimmen, er berauschte sich im Singen, das war sein eigentlicher Rausch.

Am besten sang ich den Refrain eines Schlagers, der in der Sowjetunion beliebt ist und so anfängt und aufhört: »Ich habe nicht Straße noch Hausnummer, meine Anschrift ist die Sowjetunion.« Das russische Wort für Straße heißt »uliza«, auf der ersten Silbe betont. Das prägt sich ein, wenn es gesungen wird.

Die Sonne kam heraus. Wir schickten den Wagen nach Kunerma Essen holen und fingen an zu arbeiten. Andrej fuhr mit. Er hatte eine Geschichte mit der Direktorin der Speisehalle, einem Mädchen von fünfundzwanzig. Ich wußte nicht, daß er wegen Anja fuhr, er sagte, er sei völlig fertig und müsse sich hinlegen. Beides stimmte, stand aber nicht, wie ich annahm, im kausalem Zusammenhang. Wir saßen in der Pause auf den Schienen, ließen die Schwellen in der Sonne zwischen unseren Beinen hochdampfen und sangen. Der Wagen brauchte ewig. Das muß dieser verrückte, lebenshungrige Andrej sein, dieser anarchische Hund, der unseren Fahrer und unseren Wagen zu irgend etwas benutzte. Der ist zu allem imstande in seiner jagdhundhaft-unschuldigen Gier. Der Wagen kam und kam nicht. Alle reckten wir die Hälse und drehten die Köpfe, wenn ein Motorengeräusch sich näherte.

Und dann kam der Wagen, viel zu spät. Er hatte eine besondere Überraschung für mich, eine besondere Überraschung an meinem letzten Tag in Kunerma. Eine Libelle schaute aus dem Fenster der Beifahrerseite, ein Mädchen, das mich an eine Libelle erinnerte. Ich wurde vor Rührung renitent und sarkastisch. Sie erhob sich, schwebte auf dem Trittbrett über der Erde, winkte mir zu. Und lächelte so dünn und wasserblau und zerbrechlich aus ihrer großen wasserblauen Brille. Blitzartig verstand ich zwei Dinge auf einmal: Das ist deine Dolmetscherin aus Irkutsk; sie haben es also doch weiter betrieben, für Tanja Ersatz zu schicken, und: für sie ist es ein Riesenabenteuer, sie ist ganz ergriffen, dich in dem Wälderatlantik aufgespürt zu haben, sie ist gespannt auf dich, sie ist voller Feierlichkeit. Ich verwandelte mich in eine kalte gekochte Kartoffel. Am letzten Tag kommen und feierlich sein, das hielt ich nicht aus ohne Formalisierung meines Benehmens.

Natürlich ging ich ihr entgegen, aber ich ließ mir Zeit, verwahrte die Kamera im Koffer, als wäre sie aus Blätterteig, stellte die Objektive um, schloß den Deckel und hängte den Koffer am Tragriemen über die Schulter. Ich umging die größeren Steine und Erdhaufen. Ich strengte mich an, freundlich zu ihr zu sein, gegen die plötzliche Müdigkeit meiner Gefühle. Ich muß gravitätisch gewirkt haben.

Sie war seit drei Tagen zu mir unterwegs; sie war bereits gestern abend in Kunerma angekommen, hatte mich aber nicht gefunden, was in der kleinen Siedlung nicht leicht ist; um neun Uhr abends war sie in der anderen Herberge schlafen gegangen. Sie hatte nicht früher von Irkutsk abreisen können, weil sie auf Urlaub und nicht zu erreichen gewesen war.

Es blieb uns beiden nicht viel Zeit, uns meiner Fassungslosigkeit und Verwunderung über diese Anstrengung hinzugeben, die Brigade drängte in den Wagen zum Essen. Drinnen standen Kessel mit Suppe, Fleisch, Kartoffeln, Kompott und Tee. Wir setzten uns mit dem Rücken zu den Wänden,

Lida setzte sich an den Eingang und teilte aus. Jeder bekam erst sein Besteck, sein Geschirr und einen Pappbecher. Einer reichte es dem anderen weiter. Wir benutzten die Mittelbank, gepolstert wie die anderen mit einem Wachstuchbezug, als Tisch, bald hatte kaum mehr ein Becher Platz. Die Libelle aß wenig. Die Sonne schien durch das Fenster, vor Lida vorbei. Sie hatte heute wieder ihre rote Mütze auf ihrem schwarzen Haar. Nina war in der Krankenstation, sie hatte, wie ich mich erinnere, Leberprobleme. Sie fehlte schon seit Tagen. Wir aßen die dicke Krautsuppe aus dicken Schüsseln.

Obwohl wir alle mit großer Lust aßen, jeder dem nächsten Löffel entgegenschluckte, war da noch etwas, etwas über dem nächsten Löffel, über allen nächsten Löffeln an diesem Nachmittag. Es tauchte zuerst auf in Form einer Flasche, deren Etikett anzeigte, daß Kaminski alten armenischen Weinbrand in die Pappbecher schüttete. Angeregt verfolgten wir die Wege, die die hellbraunen, mit Wachs isolierten Becher über Hände durch den Wagen zurücklegten. Die Libelle vertraute mir ihre Angst an vor der näheren Zukunft, sie befürchtete, die Brigade könnte sie zwingen, sich zu betrinken. Da irrte sie sich. Ich beruhigte sie, ich fühlte mich für sie verantwortlich. Kann es sein, daß damals ein bißchen Zorn in mir aufgestiegen ist? Also die Großstadtbüromieze hat eine Auffassung von den Arbeitern in der Taiga! Natürlich, ein Metallfaden in mir erhitzte sich vom Damm bis unter die Schädeldecke, ich hatte Gründe. Das war genau das, was ich so hasse: da entwickelt einer Angst aus Unkenntnis, Vorurteil, führt damit die

Situation herbei, die er fürchtet, legitimiert seine Angst, und dann wird er brutal. Brutalität fängt mit Angst an.

Ich erinnere mich an eine Szene in Ust-Ilimsk, nördlich von Bratsk; wir hatten einen Ausflug dorthin gemacht mit einem kleineren Düsenflugzeug, fünf- oder sechshundert Kilometer weit über gestautes Wasser. In Ust-Ilimsk steht ein Kraftwerk, mit mehr als vier Millionen Kilowatt, das dritte, bis jetzt letzte an der Angara, und ein Holzverarbeitungskombinat, eben das, von dessen Kläranlage man mir gesagt hat, daß sie drei Milliarden Mark koste, die Hälfte der Gesamtkosten des Werkes; das Werk beschäftigt nach seiner Vollendung zehntausend Menschen; sie werden pro Jahr 500 000 Tonnen Zellulose herstellen. Ich wollte einige Aufnahmen machen an einer Stelle, wo es mir nicht opportun schien, den Fotokoffer auf den Boden zu stellen, auf einer feuchten Sandbank. Ich sagte zu Tanja, halte mal 'nen Moment. Sie nahm das Köfferchen, kaum größer als eine Handtasche, und reichte es an Slawa weiter. So hätte Lida oder Wera oder Nina nicht reagieren können. Mir fällt dazu ein Wort ein, das für den Anlaß vielleicht zu groß und zu pathetisch ist: inmitten der Brigade erschien mir diese Haltung von Tanja unmenschlich. Von dieser Meinung zu dem Gedanken, jeder solle einmal im Jahr ein paar Wochen körperliche Arbeit leisten, damit unsere Gesellschaft menschlicher werde, ist es verdammt nicht weit, das ist mir schon klar. Ich war gegen die feinsten Privilegiertentöne hysterisch empfindlich geworden in Kunerma.

Verweichlichung macht böse und tückisch. Dem

ist schwer zu entgegehen, der Verweichlichte muß die Verweichlichung verteidigen gegen Gesündere.

Die Trinkspruchsituation war herangereift. Der zuständige Mensch für öffentlich vorgebrachte Feierlichkeit war Jurij, stellvertretender Chef des Komsomol-Stabs vom Westabschnitt der BAM. Nach einer Rede auf Wasja und den Panzerfahrer, bei der ihm wieder Sachen einfielen, die mir niemals eingefallen wären, berührten wir jeden Pappbecher mit jedem Pappbecher. Jedes Mitglied der Brigade reichte den beiden ein Geschenk. Ich kann mich an keines der Geschenke erinnern. Daran erkenne ich, wie sehr mich das Formulieren meiner Rede beschäftigt hat. Ich hatte zwei Geschenke in der Tasche und arbeitete in Gedanken an einem Vortrag – während Jurij redete, während wir tranken, während die Kollegen ihre Geschenke überreichten – an einem Vortrag, der unser aller Bedürfnis nach Feierlichkeit trotz seiner Originalität nicht unbefriedigt lassen sollte.

Ich hatte in meinem Schrank seit Wochen mehrere elektronische Taschenrechner liegen, weil ich nicht gerne überrascht werde von Situationen, in denen es keine bessere Antwort gibt als ein Geschenk. Ich hatte Andrej vor der Abfahrt mit dem Magirus gesagt, in meinem Schrank, in dem und dem Fach, da liegen die Taschencomputer, gib dem Fahrer zwei davon mit; heimlich hatte der Fahrer sie mir vor dem Essen zugesteckt.

»Ich will nicht zu viel sagen«, fing ich an, »aber ich möchte es euch allen sagen – ich habe jetzt ja wieder einen neuen Mund.« Ich deutete auf Libelle. Sie übersetzte: »Ich habe jetzt eine neue Dolmetscherin.« Ich unterbrach mich und sagte zu ihr: »Ich habe nicht ›Dolmetscherin‹ gesagt, ich habe gesagt ›Mund‹ « (russisch »rot«, mit kurzem, offenem »o«). Das gibt noch ein längeres Gespräch anschließend, nahm ich mir vor. Ich sagte den Satz selbst auf russisch, weil ich merkte, daß sie nicht von sich sagen wollte, sie sei »mein Mund«. Ich habe nicht viel Erfahrung im Umgang mit Dolmetschern; die Erfahrungen, die ich habe, deuten an, daß labiles Selbstbewußtsein zumindest ihr Berufsrisiko ist. Dimitrij versicherte meinen Gesprächspartnern häufig, er sei kein Dolmetscher, er sei Redakteur. Tanja hat mich oft gefragt: Willst du, daß ich eine gedankenlose Maschine bin? Zunächst schreckte ich davor zurück, die Frage zu bejahen, dann merkte ich, daß sie mit ihrer Frage das Problem verstellte. »Man ist nicht eine Maschine, wenn man gute Arbeit macht. Du wirst nicht zum Menschen durch Übersetzungsfehler.« Je schlechter ein Dolmetscher, um so größer seine Sorge, ich kümmere mich zu viel um meinen Gesprächspartner und zu wenig um seine Person. Seine Empfindungen rufen, während er zu übersetzen versucht, dazwischen, hallo, ich bin auch noch da, dauernd redest du mit dem Genossen Jurij, als sei ich ein Nichts! In Irkutsk – und später in Moskau – begegnete ich einer Dolmetscherin, die simultan übersetzte in einem ununterbrochenen, korrekten Strom, es war überwältigend. Sie sagte »Meine Meinung ist . . .«., sie sagte nicht: »Er sagt, nach seiner Meinung . . .«. Sie leitete das Gespräch durch sich hindurch, wie eine »Maschine«, hätte Tanja gesagt. Sie verschaffte sich gerade dadurch den höchsten Respekt und das größte Interesse bei allen Beteiligten.

»Ich fahre morgen wieder zurück, wie ihr wißt. Ich möchte sicher sein, daß ihr versteht, was ich empfinde. Solche Gelegenheiten verführen uns dazu, große Worte zu machen. Gerade mich. Ich glaube nicht, daß ich in einigen Jahren anders denken werde als jetzt, wenn ich sage, ich verdanke euch einige wichtige Lektionen. Ich habe von euch gelernt, mich daran zu erinnern, wenn es am schwersten fällt, daß Geduld sinnvoll ist, und Toleranz. Ich kam mir oft vor wie ein Wolf, wenn ich mich mit euch verglich. Ihr habt mir gezeigt, daß es möglich ist, ohne Angst vor anderen mit ihnen zu arbeiten und zu leben. Das ist weit mehr, als ich erwartet hatte, bevor ich nach Kunerma kam. Wenn ich morgen wegfahre, dann weiß ich, ich hinterlasse achtzehn lebenslängliche Freundschaften. Ich hätte nie gedacht, daß körperliche Arbeit aufhören könnte, mich zu demütigen, wenn ich sie für andere tue. Ich habe unter anderen Bedingungen gearbeitet als ihr, ich wußte immer, daß ich nach einigen Wochen wieder nach München zurückkehre in meine sogenannte Komfortwohnung. Aber mir scheint, ich könnte dieses Leben und diese Arbeit mit euch noch Monate aushalten, ohne zu leiden, ich könnte es genießen. Wenn mich in Zukunft meine Ungeduld hinreißen will, werde ich an euch denken, das wird mir helfen, die Form zu halten. Ich danke euch allen für euren großartigen und zurückhaltenden Unterricht.«

Es folgten Trinksprüche, immer wieder berührten alle Pappbecher alle Pappbecher. Es war nicht einfach, von der Rückwand des Kastens aus die Pappbecher der Eingangsseite zu berühren. Währenddessen machte ich Aufnahmen, bis mir das Filmmaterial ausging. Ich ließ mich hinreißen, Serien mit dem »Autowinder« zu schießen, weil Lida wieder mit Wasja rumtobte, und auch Wera – sie schoben ihn sich gegenseitig zu –, und weil die Sonne schien und der Widerschein des gelben Meeres alles vergoldete, und weil ich genug Bilder von ihnen gemacht hatte, während sie arbeiteten.

Als der erste Mensch rauchen ging, merkte ich, daß niemand geraucht hatte, daß alle die Raucher meinetwegen nicht rauchten. Sie wußten, daß ich Zigarettenrauch haßte und daß ich an einer Bronchitis litt. Wenn wir morgens zur Arbeitsstelle fuhren, setzten sich zwei oder drei, diejenigen, die dreiviertel Stunden Fahrt nicht ohne Rauchen durchhielten, an die Tür und bliesen den Rauch hinaus. Jetzt, nach dem Essen, während der Geburtstags- und Abschiedsfeier, rauchte niemand im Wagen. Diese Behandlung machte mich verlegen; raucht doch, sagte ich, wenn's mich stört, kann ich hinausgehen. Es sollten keinerlei Vergünstigungen die Ahnung eines Schattens auf ihre Gastgeberfreudigkeit werfen können.

Als mir der Film ausging, existierten die besten Bedingungen, Bilder mit einem neuen Charakter zu machen. Ich hatte angenommen, wir würden in unserer Gostiniza oder in der Stolowaja feiern, und hatte deshalb einige Filme zurückgelassen. Die Brigade war jetzt am falschen Platz. Sie entwickelte Seßhaftigkeit, sie feierte zwischen Bahndamm und Wald und wollte da noch länger weiterfeiern.

Die Filme waren anderthalb Stunden entfernt, im besten Falle. Solche Bilder werde ich nie wieder bekommen! weinte ich innerlich. Während sie sangen und Boris und Alek sie mit ihren Gitarren begleiteten, quetschte ich mich mit der Libelle hinter mir an den Knien vorbei nach draußen und bat Kaminski, mit mir zu kommen. Ich erklärte ihm mein Problem. Es war eigentlich nichts zu machen. Ich dachte daran, an der Piste einen Laster anzuhalten. Wenn ich Pech hätte, würde ich drei Stunden und länger unterwegs sein und zurückkehren, wenn Fotografieren sinnlos geworden ist, sei es wegen Dunkelheit, sei es, weil die Kollegen zu viel getrunken haben würden. Ohne mir dessen bewußt zu werden, hatte ich wohl den Wunsch, Kaminski würde der Brigade vorschlagen, den Wagen zu räumen und ihn mir zu geben. Nach fünf Minuten fuhren wir alle, Gitarre spielend und singend und mit unseren Steißen das Wachstuch boxend. So fuhren wir nach Kunerma, lange vor Arbeitsschluß. Kaminski meinte, wenn die Filme nicht zur Brigade kommen, muß die Brigade zu den Filmen. Ich sah das jetzt auch so.

Wir verabredeten, uns zwanzig Minuten später vor der Post zu treffen. Wir werden die Fete an den See verlegen.

Ich springe vom Wagen, stürme mit den Gummistiefeln in den Flur, und die Tür in mein Nebenzimmer wirft mich zurück. Die Tür, die nie richtig geschlossen war, läßt sich nicht öffnen, sie gibt ein wenig nach, gegen einen ungewohnten, aufregend neuen Widerstand. Ich stoße einige Male dagegen, da läßt sich schon der hohe Kühlschrank als Widerstand ausmachen. Der Kühlschrank stemmt sich gegen mich! Aber Kühlschrank! Jetzt sei mal nicht so unfreundlich! Geh an deinen Platz, Kühlschrank! Er geht ja auch langsam an seinen Platz, damit Andrej endlich die Möglichkeit hat, mich in meinen Räumen zu begrüßen, auch Anja. In meinem Zimmer sitzt sie, an meinem Tisch, auf dem meine Filme und meine Hefte liegen. Andrej kommt hinter mir her und sagt auf englisch: »Ich glaube, das ist keine kriminelle Situation.« Die Direktorin der Speisehalle lächelt mich an und verdreht die Augen. Ihr Blick sagt, oh, was für ein Pech Menschen haben können, man soll es nicht für möglich halten, da sitze ich auf einmal in deinem Zimmer, wie findest du das? Ist das nicht zum Verzweifeln? Ich lächle zurück und suche alle meine Filme zusammen, betone die Hast, um etwas vom Druck der Verlegenheit von ihr zu nehmen, reiße mir die Jacke herunter und streife die Samtjacke über und stürme hinaus, kümmere mich auch nicht um Andrej, zeige ihm damit, ich habe jetzt Wichtigeres zu tun als Händchen zu halten. Hier geht es um Völkerfreundschaft, mein Funktionär, meine »very important person«, nicht um Freundschaften, die mit der nächsten Wäsche aus dem Laken gespült werden.

Von der Postbaracke geht etwas aus, das mich verfolgen wird viele Monate. Da kommt Anatol, im schwarzen Anzug, über seinen renitenten Augen einen grauen Hut, in der Form ähnlich den Hüten, die die Indianer in den Anden tragen. Seine Augen schauen einen an, als wollte er sagen, fahr in sie rein, du wirst schon sehen, was passiert. Wir versammeln uns langsam, langsam, das Licht läuft meiner Filmempfindlichkeit davon. Ich gehe mit den ersten vier, fünf, mit Kaminski, Michailow,

Anatol, Boris. Wir gehen hinaus aus der Siedlung, zum Damm, der die Welt verändern wird, steigen über die Weltarterie. Auf der anderen Seite führt uns ein breiter Weg durch den Wald zum See. Der Weg wurde von den Reifen von Lastfahrzeugen in den Waldboden gequetscht.

Ich beobachte meine Kollegen auf ihrem Zug an den See. Sie ziehen dahin in dunklen Anzügen und Hüten. Vorsichtig setzen sie ihre Füße um Pfützen und Schlamm. Fast sieht es aus, als gingen wir zu einer Beerdigung. Lida und Wera haben sich verspätet, als sie über dem Damm auftauchen, trifft mich wie ein Stoß, was die Weiber aus sich gemacht haben. Lida ist ein Teufelsweib, vor vierhundert Jahren hätte man sie verbrannt nur wegen ihres Aussehens. Ich bleibe stehen und schaue ihr entgegen, mit und ohne Kameraobjektiv. Ein schwarzhaariger italienischer Filmstar stakt durch den Schlamm auf mich zu, gegen die Kühle des späten Nachmittags in einen eleganten Pelzmantel geschlagen. Ich fotografiere, überzeugt, bei jedem einzelnen Verschlußgeräusch eine Kostbarkeit geborgen zu haben.

Die Szene hat etwas von einer überragenden Theaterinszenierung auf einer großen Bühne. Die Künstlichkeit des Bildes ist auf die Spitze getrieben. Um den See herum stehen zwei Wälder, einer mit den Baumspitzen nach unten, einer mit den Baumspitzen nach oben. In dem flaschengrünen Glas steckt ein Boot.

Und wieder trifft mich die Klarheit des Wassers wie ein kleiner elektrischer Schlag. Die Steine sind plastisch wie in Aspik. Jurij rudert mich ein paar Meter hinaus, ich mache ein Gruppenbild von der

Brigade. Alek zieht sich aus bis auf eine rote Badehose und stürzt sich Kopf voraus auf den grünen Spiegel. Kaminski klettert auf eine Lärche, stellt sich in der Höhe aufrecht hin, ruft mich und winkt mir in Siegerpose zu, ich antworte mit der Kamera. Ich mache mehrere Gruppenbilder an Land, aber das Licht wird müde, die Belichtungszeiten werden länger, und werden zu lang.

Jemand hat ein Gewehr mitgebracht. Boris sitzt auf einem Baumstamm am Ufer, spielt Gitarre; eine Gruppe, auch Lida, auch Wera stehen und sitzen um ihn herum und singen und trinken, zum ersten Mal erlebe ich, Sowjets trinken ohne eine Rede. Einige Kollegen stellen eine leere Wodkaflasche auf einen Baumstumpf am Wasser und schießen darauf. Kaminski zielt, ich mache eine scharfe Aufnahme von ihm vor dunklem, verschwommenem Hintergrund, dazu reicht das Licht, weil er stillhalten muß. Ich weiß, daß ich nicht mehr ausweichen kann, daß ich gleich schießen werde, von meinen Freunden gespannt beobachtet, weil es schon einmal so war. Zehn Tage zuvor wanderte ich einen Tag mit Kaminski, Jurij, APN-Sascha, Wald-Sascha und Helga durch den Wald. Wald-Sascha und Kaminski trugen Schrotgewehre bei sich und schossen auf eine Art Eichhörnchen mit gelbgrauem Fell und braunen Längsstreifen. Kaminski verfehlte einen großen Vogel. Wir machten Rast an einer kleinen Jägerhütte im Wald. In der Hütte gab es Tee und Zucker, einen Wassertopf und eine Holzliege. Wir machten ein Feuer, Wald-Sascha kochte einen Tee aus einem holzharten Pilz, einem Parasiten der Birke; der Pilz sieht aus wie verkohlt. Der Tee soll gut sein gegen verschiedene Krankheiten, auch gegen Krebs. Sie schossen auf eine Blechdose. Meine Schießerfahrung beschränkt sich auf den Rummelplatz. Der Knall erschreckte mich, auch der Rückstoß. Sie heben die Patronen nach dem Schießen auf und füllen sie wieder mit Pulver und Bleistükken. Sie forderten mich so freundlich auf und so nachhaltig, daß ich nicht auskam. Wald-Sascha brachte mir die Dose, gratulierte, zwei Löcher im Zentrum. Sie glaubten mir natürlich nicht, daß das der erste Schuß meines Lebens war mit so einem Ding.

Kaminski lud das Gewehr für mich, er wollte mit meiner Kamera eine Aufnahme von mir machen, während ich zielte. Jetzt schaue ich mich auf der Leinwand an, mein Profil ist mir durch einen Schnurrbart entfremdet; der Winter kündigte sich Wochen vorher auf den Männergesichtern der Brigade an, sie ließen sich den Bart stehen, das nützte ich zu einem Experiment mit meinem Aussehen.

Das Zielen mit einem Gewehr ist ein Abenteuer im Zeitraffertempo. Der Lauf schwankt; wenn man müde ist, und wenn man nicht mehr ganz nüchtern ist, schwankt er. Mal hast du die Flasche in der Kimme, mal auf dem Korn. Du weißt, jetzt schiebt sich die Welt gleich so zurecht, daß das Flaschenetikett von der Kimme geteilt werden und das Korn genau in der Mitte des Flaschenetiketts stehen wird. Du siehst diesen Zustand der Dinge auf dich zukommen, es wird gleich so weit sein, und dann ist es so weit. Schon vorher weißt du, der Zustand wird nicht lange genug dauern, du wirst nicht in der Lage sein, das Abdrücken da hineinzusetzen. Horizont und der Wolkenkratzer der Flasche und die stählerne Turmspitze im Horizonteinschnitt rasen aneinander vorbei, der Flaschenwolkenkratzer sackt hinter dem Horizont hinunter. Du machst ihn zurückrasen, gewöhnst dich an seine Geschwindigkeit; wenn der Flaschenwolkenkratzer wieder anfängt, in den Himmel zu stoßen, weißt du, wenn du jetzt den Finger krumm machst, wird die Patrone ausgelöst worden sein in dem Augenblick, wo die drei Kulissen genau hintereinander angeordnet sind für eine hundertstel Sekunde, wenn nicht für weniger. Du schießt hinein in ein Ziel, das erst noch kommen wird. Man muß die Nerven behalten wie beim Schreiben. Ein Satz ist ein Schuß. Der Knall löste die Flasche auf. Er schaffte sie ab. Ich war noch einmal davongekommen, ich wurde nicht getroffen. Jubel. Jetzt gehörte ich ihnen noch ein bißchen mehr.

Wasja schrie mir in Abständen zu: »Let's drink together!« Ich machte meine Schlucke kleiner. Wir stießen miteinander an, hinter ihrem Blick standen andere Gefühle als hinter meinem. Wenn sie mit mir anstießen, taten sie es, als hätten sie während dieser Nacht einen Vorrat an Möglichkeiten, mit mir anzustoßen. Ich löste mich von ihnen. Sie waren unbefangen und in die Unendlichkeit wohlwollend. Ich kalkulierte und dosierte mich, ich wollte mich nicht ganz verausgaben, ich fürchtete die Anstrengungen der Reise nach München.

Ich trank und verabschiedete mich von jedem, ohne daß er es merkte. Ich laß' dich jetzt zurück, sagte ich zu jedem, mit meiner inneren Stimme. Servus! Lebt wohl, ihr, meine Brüder, meine Köpfe, meine Augen, meine verschwitzten Handballen, meine Arme, meine Schultern, meine Stimmen. Meine Menschen.

Ich ging in die Dunkelheit – sie hatten ein Feuer gemacht – ohne ein Wort. Kaminski begriff sofort. Er nahm Michailow beiseite und Jurij und folgte mir mit ihnen. Ich hörte es an den Stimmen. Wasja, der berauscht war, hatte es gemerkt. Er schrie nach mir. Laut und oft schallte mein Name durch die Nacht und durch den Wald, in einer Stimme, die in der Tonhöhe vor Aufregung schwankte.

Der kleine gelbe Metallwagen mit Dieselmotor ist eine Wohnstube, unser Sonderzug nach Ust-Kut, nach Westen. In der Mitte steht ein Kanonenofen. An den Seiten zwei breite Liegen, an der Frontscheibe eine Bank über die Wagenbreite. Hinten, durch eine Wand abgeteilt, die Fahrerkabine. Zwei junge Frauen begleiten uns, eine Mutter mit einem Säugling, und der Mann mit der Geschichte von dem Bären, der seinen Freund gefressen und dann in Bäume verteilt worden war.

Meine Erziehung durch die Menschen in Kunerma zeigt Resultate, ich lasse die anderen Fahrgäste zuerst einsteigen, verweigere den Befehl meiner früheren Verwilderung, in den Wagen zu stürmen und mich zum besten Platz zu drängen. Ich helfe beim Verladen des Gepäcks; der Wagenboden reicht an die Brust, es gibt keinen Bahnsteig; man reißt sich leicht die Hosen auseinander beim Hinaufsteigen. Jurij installiert mich ans Fenster, auf die Bank, neben die beiden Mädchen. Es ist der

Platz, von dem aus einem das Gleis zwischen den Beinen verschwindet.

Wir fahren ein Stück, zwei Kilometer, da steht Kaminski auf der gleisfreien Dammhälfte. Der Wagen fährt an ihm vorbei. Ich winke ihm zu, es wird eine gymnastische Anstrengung. Er starrt mit gerunzelter Stirn durch uns hindurch, den Mund leicht geöffnet, er schaut angestrengt wie jemand, der begreifen möchte, aber nicht begreifen kann, während er zurückbleibt und sich verkleinert.

Ich lasse das Gleis stundenlang in mich hineinlaufen. Ich mache mir meine Expertengedanken, wenn der Wagen springt, wenn er mich beutelt. Wir fahren nicht schneller als sechzig, an manchen Stellen dreißig, vierzig Kilometer. Die Mutter macht Feuer, es wird warm in der Stube, draußen schneit es. Der Säugling schläft auf der Liege.

Meist sieht man die Taiga aus ihrer eigenen Ebene. Als wir uns dem Lenagraben nähern, gibt es Draufsicht über die Wälder. Das Land fällt viele Kilometer weit. In Kehren fahren wir die Flanke hinunter. Ich fotografiere während der Fahrt aus dem Fenster die gewaltige Lena. Der Fahrer fragt mich, ob er halten soll. Ich möchte schon, sage ich, daß der Sonderzug hält, wenn das geht. Wenn eine neue Aussicht größere Unruhe in meine Bewegungen bringt, stoppt der Fahrer die »Matris«, ohne daß ich ein Wort sage.

Ich lasse das Gleis in mich hineinlaufen, es ist, als hätte es nichts gekostet, als wäre es natürlich und reichlich vorhanden wie der Wald, den es durchschneidet. Ich verbrauche viel Gleis. Das Fahren ist eine andere Wirklichkeit als das Bauen. Ich bekomme beide Wirklichkeiten nicht zusammen. Wenn du durch die Stadt gehst, geht es dir ähnlich, alles ist schon gemacht. Du siehst nicht, wie es gemacht wird. Der Damm zieht sich makellos durch die Landschaft, er ist Landschaft. Er ist unschuldig. Langes Erleben fertiger Dinge schafft die Konsumentenseele, eine Art kleinerer Ohnmacht; das Machen bricht sie wieder auf.

Niemand hat die Bahn gemacht. Die hunderttausend Macher sind ein Traum, sind Vergangenheit. Jetzt kommt die Wirklichkeit des Transports.